最新法律文件解读丛书

民事
法律文件解读

MINSHI FALÜ WENJIAN JIEDU

人民法院出版社 编

总第236辑 2024.08

人民法院出版社

图书在版编目（CIP）数据
民事法律文件解读．总第236辑 / 人民法院出版社编．
北京 ： 人民法院出版社，2024．10．-- （最新法律文件解读丛书）．-- ISBN 978-7-5109-4271-6
Ⅰ．D923.05；D925.105
中国国家版本馆CIP数据核字第2024ND0680号

民事法律文件解读·总第 236 辑
人民法院出版社　编

责任编辑　杨　洁
出版发行　人民法院出版社
地　　址　北京市东城区东交民巷 27 号　邮编　100745
电　　话　(010)67550656(责任编辑)　67550558(发行部查询)
65223677(读者服务部)
客服 QQ　2092078039
网　　址　http://www.courtbook.com.cn
E - mail　courtbook@sina.com
印　　刷　三河市国英印务有限公司
经　　销　新华书店
开　　本　787 毫米×1092 毫米　1/16
字　　数　115 千字
印　　张　8
版　　次　2024 年 10 月第 1 版　　2024 年 10 月第 1 次印刷
书　　号　ISBN 978-7-5109-4271-6
定　　价　28.00 元

卷首语

2025 年 1 月 1 日起施行。《条例》的出台进一步完善了我国数据安全管理法律体系，对于明确网络数据安全管理要求、提升治网管网水平具有重要意义，也为充分释放数据要素价值、护航数字经济高质量发展提供了有力法治保障。本辑重点收录《条例》及其答记者问和解读文章。

为深入贯彻落实党的二十大和党的二十届二中、三中全会精神，进一步解决企业账款拖欠问题，保障中小企业公平参与市场竞争，依法维护企业合法权益，提振经营主体信心，最高人民法院研究室制定了《最高人民法院关于大型企业与中小企业约定以第三方支付款项为付款前提条款效力问题的批复》（以下简称《批复》）。《批复》对大型企业和中小企业之间以第三方支付款项作为付款条件的约定，在效力上予以否定性评价，并对相关条款无效后如何确定付款期限和违约责任作出规定，体现了依法保障中小企业公平参与市场竞争，维护中小企业合法权益的鲜明态度，对防范化解金融风险、促进矛盾纠纷实质性化解具有重要意义。本辑重点收录了《批复》及其解读文章，便于司法实践中更加全面地理解和准确适用。

此外，本辑在“新类型疑难案例选评”栏目，收录了《台州黄某物业管理有限公司与王某如物业服务合同纠纷案》一文。该文章从一个物业服务合同纠纷案出发，以实务角度细化分析，提出业主委员会未经授权订立物业服务合同的效力及纠纷处理的建议，供审判实践借鉴与参考。

最新法律文件解读丛书
编　辑　部

兰丽专　（010）67550626

丁丽娜　（010）67550608

杨晓燕　（010）67550508

杨　洁　（010）67550656

路建华　（010）67550682

丁塞峨　（010）67550656

投稿邮箱：

《刑事法律文件解读》　5184621@qq.com

《民事法律文件解读》　1216921515@qq.com

《商事法律文件解读》　shangshijiedu@126.com

《行政与执行法律文件解读》　1290312696@qq.com

目录

行政法规、法规性文件与解读

司法解释、司法指导性文件与解读

部门规章、规章性文件与解读

指导案例、典型案例与解读

法答网精选答问

新类型疑难案例选评

最新立法、司法动态

行政法规、法规性文件与解读

网络数据安全管理条例

（2024年8月30日国务院第40次常务会议通过
2024年9月24日国务院令第790号公布
自2025年1月1日起施行）

第一章 总 则

第一条 为了规范网络数据处理活动，保障网络数据安全，促进网络数据依法合理有效利用，保护个人、组织的合法权益，维护国家安全和公共利益，根据《中华人民共和国网络安全法》、《中华人民共和国数据安全法》、《中华人民共和国个人信息保护法》等法律，制定本条例。

第二条 在中华人民共和国境内开展网络数据处理活动及其安全监督管理，适用本条例。

在中华人民共和国境外处理中华人民共和国境内自然人个人信息的活动，符合《中华人民共和国个人信息保护法》第三条第二款规定情形的，也适用本条例。

在中华人民共和国境外开展网络数据处理活动，损害中华人民共和国国家安全、公共利益或者公民、组织合法权益的，依法追究法律责任。

第三条 网络数据安全管理工作坚持中国共产党的领导，贯彻总体国家安全观，统筹促进网络数据开发利用与保障网络数据安全。

第四条 国家鼓励网络数据在各行业、各领域的创新应用，加强网络数据安全防护能力建设，支持网络数据相关技术、产品、服务创新，开展网络数据安全宣传教育和人才培养，促进网络数据开发利用和产业发展。

第五条 国家根据网络数据在经济社会发展中的重要程度，以及一旦遭到篡改、破坏、泄露或者非法获取、非法利用，对国家安全、公共利益或者个人、组织合法权益造成的危害程度，对网络数据实行分类分级保护。

第六条 国家积极参与网络数据安全相关国际规则和标准的制定，促进国际交流与合作。

第七条 国家支持相关行业组织按照章程，制定网络数据安全行为规范，加强行业自律，指导会员加强网络数据安全保护，提高网络数据安全保护水平，促进行业健康发展。

第二章　一般规定

第八条 任何个人、组织不得利用网络数据从事非法活动，不得从事窃取或者以其他非法方式获取网络数据、非法出售或者非法向他人提供网络数据等非法网络数据处理活动。

任何个人、组织不得提供专门用于从事前款非法活动的程序、工具；明知他人从事前款非法活动的，不得为其提供互联网接入、服务器托管、网络存储、通讯传输等技术支持，或者提供广告推广、支付结算等帮助。

第九条 网络数据处理者应当依照法律、行政法规的规定和国家标准的强制性要求，在网络安全等级保护的基础上，加强网络数据安全防护，建立健全网络数据安全管理制度，采取加密、备份、访问控制、安全认证等技术措施和其他必要措施，保护网络数据免遭篡改、破坏、泄露或者非法获取、非法利用，处置网络数据安全事件，防范针对和利用网络数据实施的违法犯罪活动，并对所处理网络数据的安全承担主体责任。

第十条 网络数据处理者提供的网络产品、服务应当符合相关国家标准的强制性要求；发现网络产品、服务存在安全缺陷、漏洞等风险时，应当立即采取补救措施，按照规定及时告知用户并向有关主管部门报告；涉及危害国家安全、公共利益的，网络数据处理者还应当在 24 小时内向有关主管部门报告。

第十一条 网络数据处理者应当建立健全网络数据安全事件应急预案，发生网络数据安全事件时，应当立即启动预案，采取措施防止危害扩大，消除安全隐患，并按照规定向有关主管部门报告。

网络数据安全事件对个人、组织合法权益造成危害的，网络数据处理者应当及时将安全事件和风险情况、危害后果、已经采取的补救措施等，以电话、短信、即时通信工具、电子邮件或者公告等方式通知利害关系人；法律、行政法规规定可以不通知的，从其规定。网络数据处理者在处置网络数据安全事件过程中发现涉嫌违法犯罪线索的，应当按照规定向公安机关、国家安全机关报案，并配合开展侦查、调查和处置工作。

第十二条 网络数据处理者向其他网络数据处理者提供、委托处理个人信息和重要数据的，应当通过合同等与网络数据接收方约定处理目的、方式、范围以及安全保护义务等，并对网络数据接收方履行义务的情况进行监督。向其他网络数据处理者提供、委托处理个人信息和重要数据的处理情况记录，应当至少保存 3 年。

网络数据接收方应当履行网络数据安全保护义务，并按照约定的目的、方式、范围等处理个人信息和重要数据。

两个以上的网络数据处理者共同决定个人信息和重要数据的处理目

的和处理方式的，应当约定各自的权利和义务。

第十三条 网络数据处理者开展网络数据处理活动，影响或者可能影响国家安全的，应当按照国家有关规定进行国家安全审查。

第十四条 网络数据处理者因合并、分立、解散、破产等原因需要转移网络数据的，网络数据接收方应当继续履行网络数据安全保护义务。

第十五条 国家机关委托他人建设、运行、维护电子政务系统，存储、加工政务数据，应当按照国家有关规定经过严格的批准程序，明确受托方的网络数据处理权限、保护责任等，监督受托方履行网络数据安全保护义务。

第十六条 网络数据处理者为国家机关、关键信息基础设施运营者提供服务，或者参与其他公共基础设施、公共服务系统建设、运行、维护的，应当依照法律、法规的规定和合同约定履行网络数据安全保护义务，提供安全、稳定、持续的服务。

前款规定的网络数据处理者未经委托方同意，不得访问、获取、留存、使用、泄露或者向他人提供网络数据，不得对网络数据进行关联分析。

第十七条 为国家机关提供服务的信息系统应当参照电子政务系统的管理要求加强网络数据安全管理，保障网络数据安全。

第十八条 网络数据处理者使用自动化工具访问、收集网络数据，应当评估对网络服务带来的影响，不得非法侵入他人网络，不得干扰网络服务正常运行。

第十九条 提供生成式人工智能服务的网络数据处理者应当加强对训练数据和训练数据处理活动的安全管理，采取有效措施防范和处置网络数据安全风险。

第二十条 面向社会提供产品、服务的网络数据处理者应当接受社会监督，建立便捷的网络数据安全投诉、举报渠道，公布投诉、举报方式等信息，及时受理并处理网络数据安全投诉、举报。

第三章　个人信息保护

第二十一条　网络数据处理者在处理个人信息前，通过制定个人信息处理规则的方式依法向个人告知的，个人信息处理规则应当集中公开展示、易于访问并置于醒目位置，内容明确具体、清晰易懂，包括但不限于下列内容：

（一）网络数据处理者的名称或者姓名和联系方式；

（二）处理个人信息的目的、方式、种类，处理敏感个人信息的必要性以及对个人权益的影响；

（三）个人信息保存期限和到期后的处理方式，保存期限难以确定的，应当明确保存期限的确定方法；

（四）个人查阅、复制、转移、更正、补充、删除、限制处理个人信息以及注销账号、撤回同意的方法和途径等。

网络数据处理者按照前款规定向个人告知收集和向其他网络数据处理者提供个人信息的目的、方式、种类以及网络数据接收方信息的，应当以清单等形式予以列明。网络数据处理者处理不满十四周岁未成年人个人信息的，还应当制定专门的个人信息处理规则。

第二十二条　网络数据处理者基于个人同意处理个人信息的，应当遵守下列规定：

（一）收集个人信息为提供产品或者服务所必需，不得超范围收集个人信息，不得通过误导、欺诈、胁迫等方式取得个人同意；

（二）处理生物识别、宗教信仰、特定身份、医疗健康、金融账户、行踪轨迹等敏感个人信息的，应当取得个人的单独同意；

（三）处理不满十四周岁未成年人个人信息的，应当取得未成年人的父母或者其他监护人的同意；

（四）不得超出个人同意的个人信息处理目的、方式、种类、保存期限处理个人信息；

（五）不得在个人明确表示不同意处理其个人信息后，频繁征求同意；

（六）个人信息的处理目的、方式、种类发生变更的，应当重新取得个人同意。

法律、行政法规规定处理敏感个人信息应当取得书面同意的，从其规定。

第二十三条 个人请求查阅、复制、更正、补充、删除、限制处理其个人信息，或者个人注销账号、撤回同意的，网络数据处理者应当及时受理，并提供便捷的支持个人行使权利的方法和途径，不得设置不合理条件限制个人的合理请求。

第二十四条 因使用自动化采集技术等无法避免采集到非必要个人信息或者未依法取得个人同意的个人信息，以及个人注销账号的，网络数据处理者应当删除个人信息或者进行匿名化处理。法律、行政法规规定的保存期限未届满，或者删除、匿名化处理个人信息从技术上难以实现的，网络数据处理者应当停止除存储和采取必要的安全保护措施之外的处理。

第二十五条 对符合下列条件的个人信息转移请求，网络数据处理者应当为个人指定的其他网络数据处理者访问、获取有关个人信息提供途径：

（一）能够验证请求人的真实身份；

（二）请求转移的是本人同意提供的或者基于合同收集的个人信息；

（三）转移个人信息具备技术可行性；

（四）转移个人信息不损害他人合法权益。

请求转移个人信息次数等明显超出合理范围的，网络数据处理者可以根据转移个人信息的成本收取必要费用。

第二十六条 中华人民共和国境外网络数据处理者处理境内自然人个人信息，依照《中华人民共和国个人信息保护法》第五十三条规定在境内设立专门机构或者指定代表的，应当将有关机构的名称或者代表的姓名、联系方式等报送所在地设区的市级网信部门；网信部门应当及时通报同级有关主管部门。

第二十七条 网络数据处理者应当定期自行或者委托专业机构对其处理个人信息遵守法律、行政法规的情况进行合规审计。

第二十八条 网络数据处理者处理1000万人以上个人信息的，还应当遵守本条例第三十条、第三十二条对处理重要数据的网络数据处理者（以下简称重要数据的处理者）作出的规定。

第四章 重要数据安全

第二十九条 国家数据安全工作协调机制统筹协调有关部门制定重要数据目录，加强对重要数据的保护。各地区、各部门应当按照数据分类分级保护制度，确定本地区、本部门以及相关行业、领域的重要数据具体目录，对列入目录的网络数据进行重点保护。

网络数据处理者应当按照国家有关规定识别、申报重要数据。对确认为重要数据的，相关地区、部门应当及时向网络数据处理者告知或者公开发布。网络数据处理者应当履行网络数据安全保护责任。

国家鼓励网络数据处理者使用数据标签标识等技术和产品，提高重要数据安全管理水平。

第三十条 重要数据的处理者应当明确网络数据安全负责人和网络数据安全管理机构。网络数据安全管理机构应当履行下列网络数据安全保护责任：

（一）制定实施网络数据安全管理制度、操作规程和网络数据安全事件应急预案；

（二）定期组织开展网络数据安全风险监测、风险评估、应急演练、宣传教育培训等活动，及时处置网络数据安全风险和事件；

（三）受理并处理网络数据安全投诉、举报。

网络数据安全负责人应当具备网络数据安全专业知识和相关管理工作经历，由网络数据处理者管理层成员担任，有权直接向有关主管部门报告网络数据安全情况。

掌握有关主管部门规定的特定种类、规模的重要数据的网络数据处理者，应当对网络数据安全负责人和关键岗位的人员进行安全背景审查，加强相关人员培训。审查时，可以申请公安机关、国家安全机关协助。

第三十一条 重要数据的处理者提供、委托处理、共同处理重要数据前，应当进行风险评估，但是属于履行法定职责或者法定义务的除外。

风险评估应当重点评估下列内容：

（一）提供、委托处理、共同处理网络数据，以及网络数据接收方处理网络数据的目的、方式、范围等是否合法、正当、必要；

（二）提供、委托处理、共同处理的网络数据遭到篡改、破坏、泄露或者非法获取、非法利用的风险，以及对国家安全、公共利益或者个人、组织合法权益带来的风险；

（三）网络数据接收方的诚信、守法等情况；

（四）与网络数据接收方订立或者拟订立的相关合同中关于网络数据安全的要求能否有效约束网络数据接收方履行网络数据安全保护义务；

（五）采取或者拟采取的技术和管理措施等能否有效防范网络数据遭到篡改、破坏、泄露或者非法获取、非法利用等风险；

（六）有关主管部门规定的其他评估内容。

第三十二条 重要数据的处理者因合并、分立、解散、破产等可能影响重要数据安全的，应当采取措施保障网络数据安全，并向省级以上有关主管部门报告重要数据处置方案、接收方的名称或者姓名和联系方式等；主管部门不明确的，应当向省级以上数据安全工作协调机制报告。

第三十三条 重要数据的处理者应当每年度对其网络数据处理活动开展风险评估，并向省级以上有关主管部门报送风险评估报告，有关主管部门应当及时通报同级网信部门、公安机关。

风险评估报告应当包括下列内容：

（一）网络数据处理者基本信息、网络数据安全管理机构信息、网络数据安全负责人姓名和联系方式等；

（二）处理重要数据的目的、种类、数量、方式、范围、存储期限、存储地点等，开展网络数据处理活动的情况，不包括网络数据内容本身；

（三）网络数据安全管理制度及实施情况，加密、备份、标签标识、访问控制、安全认证等技术措施和其他必要措施及其有效性；

（四）发现的网络数据安全风险，发生的网络数据安全事件及处置情况；

（五）提供、委托处理、共同处理重要数据的风险评估情况；

（六）网络数据出境情况；

（七）有关主管部门规定的其他报告内容。

处理重要数据的大型网络平台服务提供者报送的风险评估报告，除包括前款规定的内容外，还应当充分说明关键业务和供应链网络数据安全等情况。

重要数据的处理者存在可能危害国家安全的重要数据处理活动的，省级以上有关主管部门应当责令其采取整改或者停止处理重要数据等措施。重要数据的处理者应当按照有关要求立即采取措施。

第五章 网络数据跨境安全管理

第三十四条 国家网信部门统筹协调有关部门建立国家数据出境安

全管理专项工作机制，研究制定国家网络数据出境安全管理相关政策，协调处理网络数据出境安全重大事项。

第三十五条 符合下列条件之一的，网络数据处理者可以向境外提供个人信息：

（一）通过国家网信部门组织的数据出境安全评估；

（二）按照国家网信部门的规定经专业机构进行个人信息保护认证；

（三）符合国家网信部门制定的关于个人信息出境标准合同的规定；

（四）为订立、履行个人作为一方当事人的合同，确需向境外提供个人信息；

（五）按照依法制定的劳动规章制度和依法签订的集体合同实施跨境人力资源管理，确需向境外提供员工个人信息；

（六）为履行法定职责或者法定义务，确需向境外提供个人信息；

（七）紧急情况下为保护自然人的生命健康和财产安全，确需向境外提供个人信息；

（八）法律、行政法规或者国家网信部门规定的其他条件。

第三十六条 中华人民共和国缔结或者参加的国际条约、协定对向中华人民共和国境外提供个人信息的条件等有规定的，可以按照其规定执行。

第三十七条 网络数据处理者在中华人民共和国境内运营中收集和产生的重要数据确需向境外提供的，应当通过国家网信部门组织的数据出境安全评估。网络数据处理者按照国家有关规定识别、申报重要数据，但未被相关地区、部门告知或者公开发布为重要数据的，不需要将其作为重要数据申报数据出境安全评估。

第三十八条 通过数据出境安全评估后，网络数据处理者向境外提供个人信息和重要数据的，不得超出评估时明确的数据出境目的、方式、范围和种类、规模等。

第三十九条 国家采取措施，防范、处置网络数据跨境安全风险和威胁。任何个人、组织不得提供专门用于破坏、避开技术措施的程序、工具等；明知他人从事破坏、避开技术措施等活动的，不得为其提供技术支持或者帮助。

第六章 网络平台服务提供者义务

第四十条 网络平台服务提供者应当通过平台规则或者合同等明确接入其平台的第三方产品和服务提供者的网络数据安全保护义务，督促第三方产品和服务提供者加强网络数据安全管理。

预装应用程序的智能终端等设备生产者，适用前款规定。

第三方产品和服务提供者违反法律、行政法规的规定或者平台规则、合同约定开展网络数据处理活动，对用户造成损害的，网络平台服务提供者、第三方产品和服务提供者、预装应用程序的智能终端等设备生产者应当依法承担相应责任。

国家鼓励保险公司开发网络数据损害赔偿责任险种，鼓励网络平台服务提供者、预装应用程序的智能终端等设备生产者投保。

第四十一条 提供应用程序分发服务的网络平台服务提供者，应当建立应用程序核验规则并开展网络数据安全相关核验。发现待分发或者已分发的应用程序不符合法律、行政法规的规定或者国家标准的强制性要求的，应当采取警示、不予分发、暂停分发或者终止分发等措施。

第四十二条 网络平台服务提供者通过自动化决策方式向个人进行信息推送的，应当设置易于理解、便于访问和操作的个性化推荐关闭选项，为用户提供拒绝接收推送信息、删除针对其个人特征的用户标签等功能。

第四十三条 国家推进网络身份认证公共服务建设，按照政府引导、用户自愿原则进行推广应用。

鼓励网络平台服务提供者支持用户使用国家网络身份认证公共服务登记、核验真实身份信息。

第四十四条 大型网络平台服务提供者应当每年度发布个人信息保护社会责任报告，报告内容包括但不限于个人信息保护措施和成效、个人行使权利的申请受理情况、主要由外部成员组成的个人信息保护监督机构履行职责情况等。

第四十五条 大型网络平台服务提供者跨境提供网络数据，应当遵守国家数据跨境安全管理要求，健全相关技术和管理措施，防范网络数据跨境安全风险。

第四十六条 大型网络平台服务提供者不得利用网络数据、算法以及平台规则等从事下列活动：

（一）通过误导、欺诈、胁迫等方式处理用户在平台上产生的网络数据；

（二）无正当理由限制用户访问、使用其在平台上产生的网络数据；

（三）对用户实施不合理的差别待遇，损害用户合法权益；

（四）法律、行政法规禁止的其他活动。

第七章 监督管理

第四十七条 国家网信部门负责统筹协调网络数据安全和相关监督管理工作。

公安机关、国家安全机关依照有关法律、行政法规和本条例的规定，在各自职责范围内承担网络数据安全监督管理职责，依法防范和打击危害网络数据安全的违法犯罪活动。

国家数据管理部门在具体承担数据管理工作中履行相应的网络数据安全职责。

各地区、各部门对本地区、本部门工作中收集和产生的网络数据及网络数据安全负责。

第四十八条 各有关主管部门承担本行业、本领域网络数据安全监督管理职责，应当明确本行业、本领域网络数据安全保护工作机构，统筹制定并组织实施本行业、本领域网络数据安全事件应急预案，定期组织开展本行业、本领域网络数据安全风险评估，对网络数据处理者履行网络数据安全保护义务情况进行监督检查，指导督促网络数据处理者及时对存在的风险隐患进行整改。

第四十九条 国家网信部门统筹协调有关主管部门及时汇总、研判、共享、发布网络数据安全风险相关信息，加强网络数据安全信息共享、网络数据安全风险和威胁监测预警以及网络数据安全事件应急处置工作。

第五十条 有关主管部门可以采取下列措施对网络数据安全进行监督检查：

（一）要求网络数据处理者及其相关人员就监督检查事项作出说明；

（二）查阅、复制与网络数据安全有关的文件、记录；

（三）检查网络数据安全措施运行情况；

（四）检查与网络数据处理活动有关的设备、物品；

（五）法律、行政法规规定的其他必要措施。

网络数据处理者应当对有关主管部门依法开展的网络数据安全监督检查予以配合。

第五十一条 有关主管部门开展网络数据安全监督检查，应当客观公正，不得向被检查单位收取费用。

有关主管部门在网络数据安全监督检查中不得访问、收集与网络数据安全无关的业务信息，获取的信息只能用于维护网络数据安全的需要，不得用于其他用途。

有关主管部门发现网络数据处理者的网络数据处理活动存在较大安

全风险的，可以按照规定的权限和程序要求网络数据处理者暂停相关服务、修改平台规则、完善技术措施等，消除网络数据安全隐患。

第五十二条　有关主管部门在开展网络数据安全监督检查时，应当加强协同配合、信息沟通，合理确定检查频次和检查方式，避免不必要的检查和交叉重复检查。

个人信息保护合规审计、重要数据风险评估、重要数据出境安全评估等应当加强衔接，避免重复评估、审计。重要数据风险评估和网络安全等级测评的内容重合的，相关结果可以互相采信。

第五十三条　有关主管部门及其工作人员对在履行职责中知悉的个人隐私、个人信息、商业秘密、保密商务信息等网络数据应当依法予以保密，不得泄露或者非法向他人提供。

第五十四条　境外的组织、个人从事危害中华人民共和国国家安全、公共利益，或者侵害中华人民共和国公民的个人信息权益的网络数据处理活动的，国家网信部门会同有关主管部门可以依法采取相应的必要措施。

第八章　法律责任

第五十五条　违反本条例第十二条、第十六条至第二十条、第二十二条、第四十条第一款和第二款、第四十一条、第四十二条规定的，由网信、电信、公安等主管部门依据各自职责责令改正，给予警告，没收违法所得；拒不改正或者情节严重的，处 100 万元以下罚款，并可以责令暂停相关业务、停业整顿、吊销相关业务许可证或者吊销营业执照，对直接负责的主管人员和其他直接责任人员可以处 1 万元以上 10 万元以下罚款。

第五十六条　违反本条例第十三条规定的，由网信、电信、公安、国家安全等主管部门依据各自职责责令改正，给予警告，可以并处 10 万元以上 100 万元以下罚款，对直接负责的主管人员和其他直接责任人员可以处 1 万元以上 10 万元以下罚款；拒不改正或者情节严重的，处 100 万元以上 1000 万元以下罚款，并可以责令暂停相关业务、停业整顿、吊销相关业务许可证或者吊销营业执照，对直接负责的主管人员和其他直接责任人员处 10 万元以上 100 万元以下罚款。

第五十七条 违反本条例第二十九条第二款、第三十条第二款和第三款、第三十一条、第三十二条规定的，由网信、电信、公安等主管部门依据各自职责责令改正，给予警告，可以并处 5 万元以上 50 万元以下罚款，对直接负责的主管人员和其他直接责任人员可以处 1 万元以上 10 万元以下罚款；拒不改正或者造成大量数据泄露等严重后果的，处 50 万元以上 200 万元以下罚款，并可以责令暂停相关业务、停业整顿、吊销相关业务许可证或者吊销营业执照，对直接负责的主管人员和其他直接责任人员处 5 万元以上 20 万元以下罚款。

第五十八条 违反本条例其他有关规定的，由有关主管部门依照《中华人民共和国网络安全法》、《中华人民共和国数据安全法》、《中华人民共和国个人信息保护法》等法律的有关规定追究法律责任。

第五十九条 网络数据处理者存在主动消除或者减轻违法行为危害后果、违法行为轻微并及时改正且没有造成危害后果或者初次违法且危害后果轻微并及时改正等情形的，依照《中华人民共和国行政处罚法》的规定从轻、减轻或者不予行政处罚。

第六十条 国家机关不履行本条例规定的网络数据安全保护义务的，由其上级机关或者有关主管部门责令改正；对直接负责的主管人员和其他直接责任人员依法给予处分。

第六十一条 违反本条例规定，给他人造成损害的，依法承担民事责任；构成违反治安管理行为的，依法给予治安管理处罚；构成犯罪的，依法追究刑事责任。

第九章 附 则

第六十二条 本条例下列用语的含义：

（一）网络数据，是指通过网络处理和产生的各种电子数据。

（二）网络数据处理活动，是指网络数据的收集、存储、使用、加工、传输、提供、公开、删除等活动。

（三）网络数据处理者，是指在网络数据处理活动中自主决定处理目的和处理方式的个人、组织。

（四）重要数据，是指特定领域、特定群体、特定区域或者达到一定精度和规模，一旦遭到篡改、破坏、泄露或者非法获取、非法利用，可能直接危害国家安全、经济运行、社会稳定、公共健康和安全的数据。

（五）委托处理，是指网络数据处理者委托个人、组织按照约定的目的和方式开展的网络数据处理活动。

（六）共同处理，是指两个以上的网络数据处理者共同决定网络数据的处理目的和处理方式的网络数据处理活动。

（七）单独同意，是指个人针对其个人信息进行特定处理而专门作出具体、明确的同意。

（八）大型网络平台，是指注册用户5000万以上或者月活跃用户1000万以上，业务类型复杂，网络数据处理活动对国家安全、经济运行、国计民生等具有重要影响的网络平台。

第六十三条 开展核心数据的网络数据处理活动，按照国家有关规定执行。

自然人因个人或者家庭事务处理个人信息的，不适用本条例。

开展涉及国家秘密、工作秘密的网络数据处理活动，适用《中华人民共和国保守国家秘密法》等法律、行政法规的规定。

第六十四条 本条例自2025年1月1日起施行。

司法部、国家网信办负责人就《网络数据安全管理条例》答记者问

2024年9月24日，国务院总理李强签署第790号国务院令，公布《网络数据安全管理条例》（以下简称《条例》），自2025年1月1日起施行。日前，司法部、国家网信办负责人就《条例》有关问题回答了记者提问。

问：请简要介绍一下《条例》出台的背景。

答：党中央、国务院高度重视网络数据安全管理工作。党的二十届三中全会强调，提升数据安全治理监管能力，建立高效便利安全的数据跨境流动机制。近年来，随着信息技术和人们生产生活交汇融合，数据处理活动更加频繁，数据安全风险日益聚焦在网络数据领域，违法处理网络数据活动时有发生，给经济社会发展和国家安全带来严峻挑战。网络安全法、数据安全法、个人信息保护法对数据安全和个人信息保护制度作了基本规定。为做好法律实施，规范网络数据处理活动，保障网络数据安全，促进网络数据依法合理有效利用，保护个人、组织的合法权益，维护国家安全和公共利益，有必要制定配套行政法规。国务院将制定《条例》列入立法工作计划。

国家网信办在总结近年来网络数据安全管理实践经验、征求有关方面意见并向社会公开征求意见的基础上，向国务院报送了《条例（草案送审稿）》。司法部在立法审查中，广泛征求有关中央单位、地方人民政府、企事业单位、行业协会和专家学者意见，赴地方开展实地调研，多次召开企业和行业协会座谈会听取意见，会同国家网信办反复研

究修改，形成了《条例（草案）》。2024年8月30日，国务院常务会议审议通过了《条例（草案）》。

问：制定《条例》的总体思路是什么？

答：《条例》制定工作坚持以习近平新时代中国特色社会主义思想为指导，深入贯彻习近平法治思想和习近平总书记关于网络强国的重要思想，在总体思路上主要把握了以下四点：一是坚持党的领导，全面贯彻党的二十大和党的二十届二中、三中全会精神，将习近平总书记关于网络数据安全管理的重要指示批示精神以及党中央、国务院决策部署落实到具体条文中；二是坚持总体国家安全观，统筹发展和安全，既加强网络数据安全保护，又鼓励和促进网络数据依法合理有效利用；三是坚持问题导向，聚焦个人信息、重要数据、网络数据跨境流动等方面突出问题，有针对性地健全制度措施。四是坚持统筹协调，妥善处理与网络安全法、数据安全法、个人信息保护法等上位法的关系，对相关制度规定予以细化、补充、完善。

问：《条例》对个人信息保护主要作了哪些规定？

答：《条例》重点细化了个人信息保护法关于告知、同意、个人行使权利等方面的规定：一是明确通过制定个人信息处理规则履行告知义务的内容、形式等要求；二是明确基于个人同意处理个人信息应当遵守的基本要求；三是明确行使个人信息查阅、复制、更正、补充、删除等权利的要求，细化个人信息转移的具体条件；四是明确按照个人信息保护法第五十三条规定在境内设立专门机构或者指定代表的要求；五是明确网络数据处理者处理1000万人以上个人信息还应当履行的义务。

问：《条例》关于保障重要数据安全主要作了哪些规定？

答：《条例》所规定的重要数据是指特定领域、特定群体、特定区域或者达到一定精度和规模，一旦遭到篡改、破坏、泄露或者非法获取、非法利用，可能直接危害国家安全、经济运行、社会稳定、公共健康和安全的数据。为了保障重要数据安全，《条例》主要作出以下规定：一是明确制定重要数据目录的要求，规定网络数据处理者识别、申报重要数据义务；二是规定网络数据安全负责人和网络数据安全管理机构责任；三是要求提供、委托处理、共同处理重要数据前进行风险评估，并明确重点评估内容；四是要求重要数据的处理者每年度对其网络数据处理活动开展风险评估，并明确风险评估报告内容。

问：《条例》在建立高效便利安全的数据跨境流动机制方面是怎样规定的？

答：《条例》在总结《数据出境安全评估办法》《个人信息出境标准合同办法》《促进和规范数据跨境流动规定》等部门规章制定实施经验基础上，进一步优化数据跨境流动机制。一是明确国家网信部门统筹协调有关部门建立国家数据出境安全管理专项工作机制，研究制定国家网络数据出境安全管理相关政策，协调处理网络数据出境安全重大事项。二是规定网络数据处理者可以向境外提供个人信息的条件，明确未被相关地区、部门告知或者公开发布为重要数据的，不需要将其作为重要数据申报数据出境安全评估。三是明确网络数据处理者通过数据出境安全评估后向境外提供个人信息和重要数据的，不得超出评估时明确的数据出境目的、方式、范围和种类、规模等。此外，还规定国家采取措施，防范、处置网络数据跨境安全风险和威胁。

问：《条例》对网络平台服务提供者义务作出专门规定的主要考虑是什么？具体是怎样规定的？

答：网络平台服务提供者面向大量用户和平台内经营者提供服务，一些网络平台服务提供者还向政府部门提供服务，对于促进数字经济发展、优化公共服务发挥了重要作用。同时，实践中存在网络平台服务提供者不履行网络数据安全义务、滥用数据优势从事法律、行政法规禁止的活动等情况。国内外相关立法对此作了实践探索。为此，《条例》主要作出以下规定：一是规定了网络平台服务提供者、第三方产品和服务提供者、预装应用程序的智能终端等设备生产者的网络数据安全保护义务，并要求提供应用程序分发服务的网络平台服务提供者建立应用程序核验规则并开展网络数据安全相关核验。二是针对当前个性化推荐服务关闭难、收集个人信息类型多、个人精准画像数据滥用等问题，明确网络平台服务提供者应当设置易于理解、便于访问和操作的个性化推荐关闭选项，为用户提供拒绝接收推送信息、删除针对其个人特征的用户标签等功能。三是明确国家推进网络身份认证公共服务建设，按照政府引导、用户自愿原则进行推广应用。鼓励网络平台服务提供者支持用户使用国家网络身份认证公共服务登记、核验真实身份信息。四是规定大型网络平台服务提供者每年度发布个人信息保护社会责任报告、防范网络数据跨境安全风险的要求，以及明确不得利用网络数据、算法、平台规则等从事相关活动的义务。

问：《条例》关于开展网络数据安全管理工作的部门职责分工是什么？

答：《条例》规定，国家网信部门负责统筹协调网络数据安全和相关监督管理工作。公安机关、国家安全机关依照有关法律、行政法规和本条例的规定，在各自职责范围内承担网络数据安全监督管理职责，依法防范和打击危害网络数据安全的违法犯罪活动。国家数据管理部门在具体承担数据管理工作中履行相应的网络数据安全职责。各地区、各部门对本地区、本部门工作中收集和产生的网络数据及网络数据安全负责。各有关主管部门承担本行业、本领域网络数据安全监督管理职责。

（来源：司法部网站）

完善数据安全法律体系　护航数字经济高质量发展

余晓晖*

《网络数据安全管理条例》（以下简称《条例》）的出台进一步完善了我国数据安全管理法律体系，对于明确网络数据安全管理要求、提升治网管网水平具有重要意义，也为充分释放数据要素价值、护航数字经济高质量发展提供了有力法治保障。

一、《条例》对完善数据安全管理法律体系意义重大

（一）贯彻落实总体国家安全观的重要举措

数据安全是总体国家安全观的重要领域。党中央、国务院高度重视数据安全工作，提出加快法规制度建设、切实保障国家数据安全等明确要求。习近平总书记强调，“要维护国家数据安全，保护个人信息和商业秘密，促进数据高效流通使用、赋能实体经济”“加快构建数据基础制度体系”①。党的二十届三中全会指出，要“提升数据安全治理监管能力，建立高效便利安全的数据跨境流动机制”。数据安全牵一发而动全身，完善数据安全管理不仅关乎数据本身作为重要生产要素的开发利

* 作者单位：第十四届全国政协委员、中国信息通信研究院。

① 《习近平主持召开中央全面深化改革委员会第二十六次会议强调 加快构建数据基础制度 加快改进行政区划工作》，载《人民日报》2022年6月23日第1版。

用与安全问题，而且与国家主权、国家安全、社会秩序、公共利益休戚相关。《条例》贯彻总体国家安全观，统筹促进网络数据开发利用与保障网络数据安全，进一步夯实了维护数据安全的法治根基。

（二）顺应全球数据安全发展形势的必然要求

网络数据安全是全球各国面临的共同挑战，随着人工智能、大数据等新技术新应用的快速发展，数据体量呈现爆发式增长，安全风险也与日俱增，强化网络数据安全管理的重要性愈加突出。从国际社会来看，主要国家和地区高度重视数据资源的基础性和战略性价值，持续完善数据安全领域法律法规。例如，欧盟理事会2023年11月正式通过数据法，在《通用数据保护条例》的基础上，提供了适用于所有数据的更广泛的规则。我国积极应对数据安全新形势，在已有数据安全法律基础上制定出台《条例》，进一步完善数据安全管理制度体系，切实保障国家数据安全。

（三）推动数字经济高质量发展的制度保障

数据作为新型生产要素，是数字化、网络化、智能化的基础，已快速融入生产、分配、流通、消费和社会服务管理等各环节。《中共中央、国务院关于构建数据基础制度更好发挥数据要素作用的意见》提出，以维护国家数据安全、保护个人信息和商业秘密为前提，构建适应数据特征、符合数字经济发展规律、保障国家数据安全、彰显创新引领的数据基础制度。为充分发挥我国海量数据规模和丰富应用场景优势，激活数据要素潜能，做强做优做大数字经济，国务院适时出台《条例》，充分发挥法治固根本、稳预期、利长远的作用，确保数据安全工作和数据要素市场建设在法治轨道上稳步推进，以高水平数据安全保障数据要素市场高质量发展。

二、《条例》筑牢数据安全管理制度底座特色鲜明

《条例》共计9章64条，不仅明确了网络数据安全管理的一般规定，也进一步完善细化了个人信息保护、重要数据安全管理、网络数据跨境安全管理、网络平台服务提供者义务等方面的具体要求，夯实了我国数据安全管理制度底座，具有鲜明的系统性、创新性、时代性和开放性。

（一）坚持系统观念，完善数据安全法律规范体系

经过多年的发展，我国已经初步搭建了以网络安全法、数据安全法、个人信息保护法为核心的数据安全法律框架。《条例》的出台，通过一部行政法规统筹落实了三部上位法律所规定的数据安全管理要求，细化了数据分类分级、数据跨境流动、个人信息处理等制度规定，进一步强化了不同法律之间的制度衔接，增强法律规范的系统性。与此同时，《条例》也进一步推动构建形成了“法律—行政法规—部门规章”的全位阶法律规范体系。

（二）坚持守正创新，充实数据安全管理基本要求

《条例》贯彻落实上位法相关制度，在继承数据分类分级保护制度等原则性要求的基础上，充分发挥行政法规的灵活性和创新空间，针对数据处理新情况作了相应制度设计。例如，针对网络数据处理者使用自动化工具访问、收集网络数据的情况，《条例》规定应当评估对网络服务带来的影响，要求不得非法侵入他人网络、不得干扰网络服务正常运行。再如，针对人工智能发展带来的训练数据的问题，《条例》要求提供生成式人工智能服务的网络数据处理者应当加强对训练数据和训练数据处理活动的安全管理，采取有效措施防范和处置网络数据安全风险。

（三）坚持与时俱进，细化个人信息保护制度规则

《条例》立足当前数字经济发展的需求，在个人信息保护法确立的基本原则和规则基础上，根据具体场景进一步细化相关个人信息保护要求。例如，《条例》针对实践中滥用“个人同意”的问题，明确规定了网络数据处理者基于个人同意处理个人信息应当遵守的具体要求，包括收集个人信息为提供产品或者服务所必需，不得超范围收集，不得通过误导、欺诈、胁迫等方式取得个人同意。再如，《条例》针对个人信息主体需要转移个人信息行使个人权利的问题，明确规定了实施个人信息转移的条件，并且要求网络数据处理者应当为个人信息主体行使相关权益提供可落地的具体路径。

（四）坚持开放发展，促进网络数据跨境流动

《条例》细化数据出境中的安全管理要求，为促进数据依法有序自由流动提供具体指引。一方面，《条例》遵循我国现有数据跨境流动制度体系，明确了个人信息和重要数据跨境提供的具体条件，将《促进和规范数据跨境流动规定》等相关规章规定上升为行政法规，为网络数据处理者向境外提供网络数据提供了清晰指引。例如，《条例》明确列举了网络数据处理者可以向境外提供个人信息的八种情形，进一步便利相关主体的实践操作，为促进数据跨境流动提供了更为有力的制度保障。另一方面，《条例》强化了数据跨境流动中的安全管理要求，规定国家采取措施防范、处置数据跨境风险和威胁，禁止提供专门用于破坏、避开技术措施的程序、工具等，为数据跨境流动提供安全保障。

（五）坚持协同治理，压实网络平台主体责任

随着互联网的快速发展，网络平台已经成为网络空间治理的关键节点。尤其是大型网络平台，因其庞大的用户基础和复杂的数据处理活

动，对个人隐私和数据安全具有重大影响。《条例》设立网络平台服务提供者专章，规定了其在网络数据安全管理方面的义务，强化全链条数据安全保护。例如，《条例》不仅规定了网络平台服务提供者自身应当履行的网络数据安全管理义务，还明确了网络平台服务提供者应当通过平台规则或合同形式明确第三方网络数据安全管理义务，未尽到相应督促落实义务、造成用户损害的，网络平台服务提供者依法承担相应责任。

三、《条例》开启我国数据治理法治化新阶段

当前，互联网加速演进升级，数字经济持续快速发展，数据作为数字时代的新型生产要素在推动经济高质量发展和新质生产力形成中的作用更加凸显。新时代新征程，要准确把握我国数据治理面临的新形势新任务，以《条例》出台为契机，筑法治之基、行法治之力、积法治之势，在法治轨道上持续推进数据发展和安全治理工作，以高水平数据法治建设护航数字经济高质量发展。一是构建更加完备的数据治理法律规范体系，建立健全数据交易流通等基础制度规则，及时应对人工智能、大数据、云计算等新技术发展带来的数据安全风险挑战，科学运用法律法规引导新兴领域发展。二是构建更加高效的数据治理法律实施体系，持续深化《条例》各项制度施行，坚持促进发展和依法管理相统一，充分发挥《条例》在推动数据产业发展和规范安全管理中的作用，深入开展严格规范公正文明网络执法。三是构建更加有力的数据治理保障体系，强化数据安全法规制度宣传推广，增强全社会数据安全法治意识和能力，深化数据领域法治研究，切实以数据治理法治化助力网络强国和数字中国建设。

（来源：司法部网站）

国务院

关于促进服务消费高质量发展的意见

2024 年 7 月 29 日　　国发〔2024〕18 号

各省、自治区、直辖市人民政府，国务院各部委、各直属机构：

为优化和扩大服务供给，释放服务消费潜力，更好满足人民群众个性化、多样化、品质化服务消费需求，现提出以下意见。

一、总体要求

以习近平新时代中国特色社会主义思想为指导，全面贯彻落实党的二十大和二十届二中、三中全会精神，完整准确全面贯彻新发展理念，加快构建新发展格局，统筹扩大内需和深化供给侧结构性改革，扩大服务业开放，着力提升服务品质、丰富消费场景、优化消费环境，以创新激发服务消费内生动能，培育服务消费新增长点，为经济高质量发展提供有力支撑。

二、挖掘基础型消费潜力

（一）餐饮住宿消费。提升餐饮服务品质，培育名菜、名小吃、名厨、名店。鼓励地方传承发扬传统烹饪技艺和餐饮文化，培育特色小吃产业集群，打造“美食名镇”、“美食名村”。办好“中华美食荟”系列活动，支持地方开展特色餐饮促消费活动。鼓励国际知名餐饮品牌在国内开设首店、旗舰店。提升住宿服务品质和涉外服务水平，培育一批中高端酒店品牌和民宿品牌，支持住宿业与旅游、康养、研学等业态融合发展。依法依规盘活农村闲置房屋、集体建设用地，发展乡村酒店、客栈民宿服务。

（二）家政服务消费。支持员工制家政企业发展，畅通家政从业人员职业发展通道。深化家政服务劳务对接行动，推动家政进社区，增加家政服务供给。实施家政服务员技能升级行动，推进家政服务品牌建设，打造巾帼家政服务品牌。指导制定家政服务公约，优化家政服务信用信息平台和“家政信用查”功能，推行电子版“居家上门服务证”。

（三）养老托育消费。大力发展银发经济，促进智慧健康养老产业发展，推进公共空间、消费场所等无障碍建设，提高家居适老化水平。加快健全居家社区机构相协调、医养康养相结合的养老服务体系，开展居家和社区基本养老服务提升行动，推动职业院校加强人才培养。多渠道增加养老托育服务供给，支持依法依规利用空置场地新建、改扩建养老托育机构，推动降低运营成本。结合老旧小区改造、完整社区建设、社区生活圈建设、城市社区嵌入式服务设施建设，优化家政、养老、托育、助餐等服务设施布局。严格落实新建住宅小区与配套养老托育服务设施同步规划、同步建设、同步验收、同步交付要求。实现养老托育机构用水、用电、用气、用热按居民生活类价格执行。支持金融机构优化风险管理，积极提供适合普惠性养老托育机构项目资金需求特点的金融产品和服务。

三、激发改善型消费活力

（四）文化娱乐消费。深入开展全国文化和旅游消费促进活动，持续实施“百城百区”文化和旅游消费行动计划。加强非物质文化遗产保护传承，开发具有地域和民族特色的文化创意重点项目。扩大文化演出市场供给，提高审批效率，增加演出场次。丰富影片供给，支持以分线发行等差异化模式发行影片，促进电影关联消费。提升网络文学、网络表演、网络游戏、广播电视和网络视听质量，深化电视层层收费和操作复杂治理，加快超高清电视发展，鼓励沉浸体验、剧本娱乐、数字艺术、线上演播等新业态发展。

（五）旅游消费。加强国家文化和旅游消费示范城市建设，推动国家级夜间文化和旅游消费集聚区创新规范发展，实施美好生活度假休闲工程和乡村旅游提质增效行动。推进商旅文体健融合发展，提升项目体验性、互动性，推出多种类型特色旅游产品，鼓励邮轮游艇、房车露营、低空飞行等新业态发展，支持“音乐+旅游”、“演出+旅游”、“赛事+旅游”等融合业态发展。增开银发旅游专列，对车厢进行适老化、舒适化改造，丰富旅游线路和服务供给。鼓励各地制定实施景区门票优惠、淡季免费开放等政策。提升交通运输服务品质，完善立体换乘、汽车租赁等服务，便利旅客出行。优化入境政策和消费环境，加快恢复航班班次，提供多样化支付服务，研究扩大免签国家范围，深化文化旅游年活动。

（六）体育消费。盘活空置场馆场地资源，引导社会力量依法依规改造旧厂房、仓库、老旧商业设施等，增加体育消费场所。鼓励举办各类体育赛事活动，创建具有自主知识产权的赛事品牌，申办或引进有影响力的国际顶级赛事，培育专业化运营团队。引导各地推出特色鲜明的群众性体育赛事活动。积极发展冰雪运动，持续推动冰雪运动在全国普及发展。深化促进体育消费试点工作，培育一批国家体育产业和体育旅游发展载体。

（七）教育和培训消费。推动高等院校、科研机构、社会组织开放优质教育资源，满足社会大众多元化、个性化学习需求。推动职业教育提质增效，建设高水平职业学校和专业。推动社会培训机构面向公众需求提高服务质量。指导学校按照有关规定通过购买服务等方式引进具有相应资质的第三方机构提供非学科类优质公益课后服务。鼓励与国际知名高等院校在华开展高水平合作办学。

（八）居住服务消费。鼓励有条件的物业服务企业与养老、托育、餐饮、家政等企业开展合作，发展“物业服务+生活服务”模式。推广智能安防、智慧停车、智能门禁等新模式，提升社区服务水平和居住体验。培育提供改造设计、定制化整装、智能化家居等一站式、标准化产品和服务的龙头企业。鼓励有条件的地区支持居民开展房屋装修和局部改造。

四、培育壮大新型消费

（九）数字消费。加快生活服务数字化赋能，构建智慧商圈、智慧街区、智慧门店等消费新场景，发展“互联网+”医疗服务、数字教育等新模式，加快无人零售店、自提柜、云柜等新业态布局，支持电子竞技、社交电商、直播电商等发展。加快建设和升级信息消费体验中心，推出一批新型信息消费项目。开展数字家庭建设试点，更好满足居民家居产品智能化服务和线上社会化服务需求。

（十）绿色消费。建立健全绿色低碳服务标准、认证、标识体系，完善绿色设计标准，提升绿色服务市场认可度和企业效益。推广应用先进绿色低碳技术，完善能效水效标识管理，提高家装、出行、旅游、快递等领域绿色化水平。

（十一）健康消费。培育壮大健康体检、咨询、管理等新型服务业态。推进“互联网+医疗健康”发展，尽快实现医疗数据互联互通，逐步完善“互联网+”医疗服务医保支付政策。鼓励开发满足多样化、个性化健康保障需求的商业健康保险产品。进一步推进医养结合发展，支持医疗机构开展医养结合服务。支持中医药老字号企业发展，提升养生保健、康复疗养等服务水平。强化零售药店健康促进、营养保健等功能。

五、增强服务消费动能

（十二）创新服务消费场景。开展服务消费提质惠民行动。围绕贴近群众生活、需求潜力大、带动作用强的重点领域开展服务消费季系列促消费活动。推动步行街改造提升，加快城市一刻钟便民生活圈建设，完善县域商业体系，健全城乡服务消费网络，丰富农村生活服务供给，提升服务供给能力和消费能级。

（十三）加强服务消费品牌培育。探索开展优质服务承诺活动。支持服务业企业加强品牌培育、运营和保护，发挥中华老字号和特色传统品牌引领作用，培育一批服务质量好、创新动能足、带动作用强的服务业品牌。

（十四）扩大服务业对外开放。依托国家服务业扩大开放综合示范区、国家服务贸易创新发展示范区等平台，主动对接国际高标准经贸规则。放宽服务业市场准入，持续深化电信、教育、养老、医疗、健康等领域开放，推动科技服务、旅游等领域开放举措全面落地。办好中国国际进口博览会、中国国际服务贸易交易会等展会，吸引更多国际知名企业投资、更多服务业态落地。

六、优化服务消费环境

（十五）加强服务消费监管。强化跨部门联合监管，严厉打击虚假广告、网络欺诈、泄露信息等行为。鼓励社区、商场、景点、平台企业设立消费维权服务站，促进消费纠纷源头解决。探索恶意索赔处置工作机制，打击以投诉举报为名的敲诈勒索行为，维护良好营商环境和经营者合法权益。

（十六）引导诚信合规经营。依托“信用中国”网站和国家企业信用信息公示系统，上线“信誉信息”板块，加强对相关经营主体登记备案、行政许可、行政处罚等信用信息的归集、公示，引导更多经营主体守信重信。加强服务质量监测评价，完善评价指标体系，定期发布监测评价结果，鼓励第三方机构开展服务消费评价。

（十七）完善服务消费标准。优化服务业标准化布局，培育服务业标准化品牌。制修订服务消费相关标准，完善文化、旅游、餐饮住宿、家政服务、养老托育、家居家装、商务服务等领域标准，研制数字消费、绿色消费、健康消费等新型消费标准。加强服务消费领域认证制度建设。

七、强化政策保障

（十八）加强财税金融支持。鼓励有条件的地区利用现有资金渠道并积极引导社会投资，支持生活服务数字化赋能、产业集群和集聚区培育、公共服务平台建设和标准化建设等。鼓励政府性融资担保机构为符合条件的服务业小微企业和个体工商户提供融资增信支持。引导金融机构优化信贷产品、提供差异化服务，按照风险可控、商业可持续原则，加大对服务消费重点领域信贷支持力度，增加适应共享经济等消费新业态发展需要的金融产品供给。推动商业健康保险与健康管理深度融合，丰富商业长期护理保险供给。落实3岁以下婴幼儿照护、子女教育、赡养老人等个人所得税专项附加扣除政策。

（十九）夯实人才队伍支撑。持续完善相关学科专业设置和培养方案，加强产教融合、校企合作、工学结合，“订单式”培养服务业紧缺人才。鼓励普通高校、职业院校和企业合作共建开放型区域产教融合实践中心，培育复合型、应用型、技能型服务业人才。完善服务业人才职称评审、职业资格评价、职业技能等级认定等多元化评价方式。鼓励地方发布服务业重点领域“高精尖缺”人才目录和认定标准，完善落户、购房、子女入学、配偶就业等优惠政策。做好服务业新职业和职业标准开发工作。开展生活服务招聘季活动，扩大人才供给。

（二十）提升统计监测水平。优化服务消费市场统计监测方法，健全统计监测制度。加强服务消费数据收集和分析预测，做好服务零售额统计工作。拓展统计监测数据来源，加大与第三方支付平台、研究机构合作力度，探索构建适合的应用模型。

各地区、各部门和有关单位要坚决落实党中央、国务院决策部署，推动各项任务落实落细。商务部要会同有关部门发挥促进服务消费发展工作协调机制作用，强化统筹谋划，制定专项政策举措，共同促进服务消费高质量发展。

（本文有删减）

商务部等有关部门负责人就《国务院关于促进服务消费高质量发展的意见》答记者问①

国务院新闻办公室于2024年8月9日举行新闻发布会，请商务部、国家发展和改革委员会、民政部、文化和旅游部负责人介绍《国务院关于促进服务消费高质量发展的意见》（以下简称《意见》）有关情况并回答记者提问。

问：《意见》是我国首次专门就服务消费发展作出系统全面部署的政策文件，能否具体介绍一下《意见》有哪些特点？

答： 出台《意见》是落实党的二十届三中全会精神的一个重要举措，主要目的是通过优化和扩大服务供给，释放服务消费潜力，更好满足人民群众个性化、多样化、品质化服务消费需求。这个文件有三个方

① 编者根据《国务院新闻办就〈国务院关于促进服务消费高质量发展的意见〉有关情况举行发布会》（载国务院网站，https：//www.gov.cn/lianbo/fabu/202408/content_ 6967457.htm）一文整理。

面的特点。

第一是突出顶层设计。《意见》统筹扩大内需和深化供给侧结构性改革，扩大服务业开放，着力提升服务品质、丰富消费场景、优化消费环境，以创新激发服务消费内生动能，提出了一系列具有针对性、前瞻性和可操作性的政策措施，为服务消费高质量发展提供指引和支撑。

第二是聚焦民生福祉。《意见》坚持以人民为中心的发展思想，把满足人民群众日益增长的美好生活需要作为出发点和落脚点，围绕餐饮住宿、家政服务、养老托育、文娱旅游、教育体育、居住服务、健康服务等与人民群众生活密切相关的领域，提出务实举措。比如，提升餐饮服务品质，培育“名菜”“名小吃”“名厨”“名店”；指导制定家政服务公约，推行电子版“居家上门服务证”；加快健全居家社区机构相协调、医养康养相结合的养老服务体系；增开银发旅游专列，对车厢进行适老化、舒适化改造，丰富旅游线路和服务供给；鼓励有条件的物业企业与养老、托育、餐饮、家政等企业开展合作，发展“物业服务+生活服务”模式；逐步完善“互联网+”医疗服务医保支付政策；等等。

第三是坚持问题导向。针对高品质服务供给不足和群众关心的服务质量问题，《意见》提出：开展服务消费提质惠民行动；探索开展优质服务承诺活动；支持服务业企业加强品牌培育、运营和保护；加强服务质量监测评价，定期发布监测评价结果。针对消费环境不优问题，《意见》提出：强化跨部门联合监管，严厉打击虚假广告、网络欺诈、信息泄露等行为；鼓励社区、商场、景点、平台企业设立消费维权服务站，促进消费纠纷源头解决；加强对相关经营主体登记备案、行政许可、行政处罚等信用信息的归集、公示。针对服务人才短缺痛点，《意见》强调：加强产教融合、校企合作、工学结合，“订单式”培养服务行业紧缺人才；做好服务业新职业和职业标准开发工作；开展“生活服务招聘季”活动，扩大人才供给。

问：当前，我国正处在服务消费较快增长阶段，服务消费成为居民消费的重要增量来源。请问国家发展和改革委员会为促进养老、育幼、文旅、家政等服务消费重点领域发展做了哪些工作？下一步还将从哪些方面发力？

答：为扩大养老托育、文旅体育、家政服务等重点领域服务消费，国家发展和改革委员会结合职能，主要开展了三方面工作。

第一，聚焦堵点痛点，提升“一老一小”服务水平。国家发展和改革委员会为更好满足老年人多层次多样化服务消费需求，牵头编制并报请印发《国务院办公厅关于发展银发经济增进老年人福祉的意见》。综合利用中央预算内投资、地方政府专项债券、普惠养老专项再贷款等资金渠道，支持养老托育服务体系和设施建设。

第二，补短板强弱项，支持文旅体育设施设备提质升级。组织实施了“十四五”文化保护传承利用工程，安排中央预算内投资支持符合条件的文化旅游项目，补齐通景道路、旅游厕所、停车场、充电设施等重点基础设施短板；在大规模设备更新和消费品以旧换新的工作当中，牵头出台《推动文化和旅游领域设备更新实施方案》，实施观光游览设施更新提升等八大行动，将符合条件的重点项目纳入超长期特别国债等资金支持范围；加强体育公园和社会足球场地建设，改善全民健身场地设施条件。

第三，推动转型发展，提升家政服务供给质量。部署开展了家政服务质量提升十大行动，牵头深化家政产教融合、家政进社区等专项行动，围绕降成本、规范化、高质量三方面重点，加快家政服务业从中介制向员工制转型，推动家政职业化发展。

下一步，我们将把服务消费作为消费扩容提质的重要抓手，充分发挥中央预算内投资等中央资金的引导和带动作用，积极支持服务消费重点领域发展；推进实施城市社区嵌入式服务设施建设工程，将生活服务嵌入到社区，更好满足群众“家门口”“楼底下”的优质普惠服务需求；打造龙头企业和服务品牌，以优质供给引领消费需求提质升级。

问：《意见》提出了六大类20项重点任务，其中有多项涉及文化和旅游消费，请问2024年以来，文化和旅游消费有什么特点？接下来会采取哪些促消费措施？

答：文化和旅游消费与人民美好生活息息相关。2024年以来，假日旅游人潮涌动，消费活力加速释放，文旅经济红红火火，文化和旅游消费呈现以下几个突出特点：一是融合发展更加深入，沉浸式体验、亲子研学、避暑消夏、博物馆游等持续升温，跟着演出去旅行、跟着赛事去旅行成为越来越多游客的选择。《繁花》《我的阿勒泰》热播，又带动更多的人跟着影视去旅行。二是更加注重文化内涵和深度体验。在品味文化、畅享旅途中获得情感共鸣，实现情绪价值，增添了舒心暖人的生活气息，也营造了欢乐祥和的社会氛围。三是文旅服务更加优质高效，消费环境持续优化。比如，哈尔滨带火了东北旅游，以贴心周到的服务让游客感受到了宾至如归。

当前正值暑期，文旅精彩纷呈，消费热度持续攀升，夏日经济新活力不断释放。围绕这次《意见》提出的涉及文化和旅游的重点任务，文化和旅游部将从三个方面重点发力，发挥好文旅消费促增长、惠民生的作用。

在丰富消费惠民活动举措方面。我们持续开展全国文化和旅游消费促进活动，鼓励各地制定实施景区门票优惠、文旅消费券、满减优惠等多样化惠民举措，让百姓真受益，让企业得实惠。推进文旅融合及与相关产业融合发展，优化消费惠民活动举措，与促进餐饮、住宿、体育、数字、绿色、健康消费等一体推进，创新文旅消费场景，丰富个性化、定制化产品供给，满足多样化消费需求。

在提升文旅产品供给质量方面。扩大文化演出市场供给，推出更多精品演艺项目。加强非物质文化遗产保护传承，开发具有地域和民族特色的文化创意项目。实施美好生活度假休闲工程和乡村旅游提质增效行动。丰富数字文化产品供给，加快发展沉浸体验、剧本娱乐、数字艺术、线上演播、邮轮游艇、房车露营、低空飞行等新业态。推动文化产业赋能乡村振兴和城市发展。

在优化文化和旅游消费环境方面。开展文化和旅游领域大规模设备更新工作，提升文化和旅游项目建设运营水平和消费体验。宣传用好免签政策，提升支付便利化水平，增加多层次、高品质的入境旅游产品和服务供给，引导各地统筹好文旅消费和文明建设，落实安全生产责任制，提升旅游服务质量，保障市场秩序，努力营造暖心、舒心、放心的消费环境，让大家在休闲度假、放松身心的同时，尽情感受山河之美、历史之美、文化之美。

问：在挖掘基础型消费潜力方面，面对养老等服务需求，接下来要如何从政策、行业、人才等方面给予支持？

答：2023年底，我国60周岁及以上老年人口达到2.97亿人，占总人口比重达到21.1%。随着我国人口老龄化程度不断加深，必将带来服务消费方面的深刻变化。优化和扩大养老服务供给，释放养老服务消费潜力，对于更好满足老年人多层次、多样化、个性化养老服务需求，切实提升老年人生活品质，让老年人安享幸福晚年具有重要意义。

近年来，民政部会同有关部门认真贯彻落实习近平总书记关于养老服务工作的重要指示批示精神，积极推动养老事业和养老产业协同发展，加大养老服务供给，提升服务质量，促进养老服务消费，取得明显成效。下一步，民政部将认真落实《意见》关于养老服务消费的部署要求，重点抓好四个方面工作。

围绕促进养老服务供需适配，进一步优化居家、社区、机构养老服务供给，推动助餐、助浴、助医、助洁、助行、助急和探访关爱等服务发展，开展居家适老化改造，建设家庭养老床位；加强乡镇（街道）区域养老服务中心、社区嵌入式养老服务机构建设，畅通区域内养老服务供需渠道，构建“一刻钟”养老服务消费圈；持续优化养老机构床位结构，支持护理型床位建设，增设认知障碍照护专区，提供专业照护服务。

围绕培育养老服务消费新场景新业态，创新“智慧+”养老新场景，运用智能技术为老年人提供更加精准的服务；发展“行业+”养老新业态，推动养老服务与物业、家政、医疗、文化、旅游、体育、教育等行业融合发展；拓宽“平台+”养老新渠道，借力平台经济优势，更好为老年群体提供便捷化、个性化养老服务。

围绕加强养老服务消费保障，增加养老服务设施有效供给，有效补齐老旧小区养老服务设施短板；深化老年用品推广应用，支持关键技术研发突破，壮大养老服务经营主体，推动形成养老服务品牌；持续加强养老服务人才队伍建设，推动人才素质规模与广大老年人养老服务需求相适应；推动加大财政金融支持力度，落实养老服务领域税费优惠政策，更好满足养老服务机构融资需求。

围绕优化养老服务营商和消费环境，加快建设高效规范、公平竞争、充分开放的养老服务市场，进一步鼓励和支持企业等社会力量参与提供养老服务；不断完善养老服务消费环境，加强养老服务消费市场监管，持续开展符合老年人身心特点的识骗、防骗宣传活动，切实保障广大老年人合法权益。

问：家政服务业是促消费、惠民生的重要领域，这次《意见》也在家政服务消费方面提出了一些建议，请问商务部下一步将通过哪些举措让家政服务消费更加有活力？

答：家政服务业是重要的民生行业，与老百姓的生活紧密相关，可以说不仅是老百姓“小家”里的事，也是关系持续增进民生福祉的“国家大事”。2024年7月30日召开的中央政治局会议和这次国务院发布的文件，都提到了要支持家政服务消费，这也是对人民群众美好生活诉求的积极回应。下一步，商务部也将立足职能，会同相关部门，扩大服务供给、提升服务质量和优化服务环境三个方面，促进家政服务消费发展。

首先，针对家政服务需求日益增多的情况，我们将推动扩大家政服务供给，深入推进家政兴农行动，鼓励更多农村转移就业人口从事家政服务，特别是让农村转移劳动力可以出得来、留得住、干得好。同时，我们也积极会同相关部门深化家政劳务对接行动，2024年要开展生活服务招聘季的活动，组织有关家政企业开展带岗直播招聘，助力家政企业更精准地推荐家政服务岗位、提高招聘效率，进而提升整体家政服务的供给能力。

其次，针对社会上对家政服务质量期待越来越高的情况，我们也将会同相关部门，持续开展家政服务员技能升级行动，为家政服务员提供免费的线上培训，进而提升家政从业人员的职业技能和家政服务的质量。我们也将会同相关部门，加大工作力度，进一步健全家政服务的标准体系，推动制定若干关于家政服务领域高质量发展的国家标准。我们正在指导有关机构制定两项国家标准，一项是《0—3岁婴幼儿居家照护服务规范》，另一项是《母婴护理服务质量规范》。下一步，我们会指导家政行业组织和企业，推动制定一批团体标准和企业标准，持续提升家政服务标准化水平。

最后，针对群众关心的家政服务放心消费问题，我们下一步也会加快推进家政服务信用体系建设，引导更多家政服务员和消费者使用"家政信用查"小程序，强化信用信息的应用，依托"家政信用查"平台，推进电子版居家上门服务证，方便消费者直观查验，更加放心地消费。我们还将指导相关行业协会发布《家政服务公约》，倡导规范消费者、家政服务员和家政企业三方的行为，营造良好的家政服务消费环境。

问：《意见》提出扩大服务业对外开放，持续深化电信、教育、医疗、健康等领域开放，请问下一步将如何推进？

答：《意见》提出扩大服务业开放，实际上也是基于问题导向，针对高品质服务供给不足，还有群众关心的服务质量问题，希望能够通过扩大服务业开放，提升服务供给能力和服务水平，扩大服务消费规模。国际一流服务企业进入中国市场，不仅能为消费者提供更多优质服务，也能够有效激发经营主体活力，增强国内国际两个市场两种资源的联动效应，助力经济高质量发展。

商务部将会同相关部门，主动对接国际高标准经贸规则，选择市场需求大、有效供给不足的领域，分步、分类、分区域扩大开放，以开放优化供给、以供给创造需求，推动服务消费高质量发展。首先要稳步扩大领域开放，包括修订鼓励外商投资产业目录，推动扩大服务消费相关领域的条目，还要合理缩减外资准入负面清单，推动电信、互联网、教育、文化、医疗等领域有序扩大开放，建立健全跨境服务贸易负面清单管理制度，提升跨境服务贸易的开放水平。其次要提升开放平台的效能，要推进国家服务业扩大开放综合试点示范，建设国家服务贸易创新发展示范区，党的二十届三中全会还要求实施自由贸易试验区提升战略，这都是我们做好扩大服务业对外开放的重要平台载体。要办好进博会、服贸会这些重大展会，促进更多服务业新业态落地。此外，还要打造“投资中国”品牌，举办一系列精品活动，促进招商对接和项目撮合，健全常态化、多层次招商机制，吸引更多服务消费新领域新赛道的外商投资。

问：《意见》提出要着力提升服务品质，丰富消费场景，优化消费环境，以创新激发服务消费的内生动能，培育服务消费新的增长点，为经济高质量发展提供有力支撑。请问服务消费场景的创新动力从何而来？主要有哪些积极因素？

答：促进服务消费是经济高质量发展和人民高品质生活的重要交汇点。近年来，服务消费的模式、业态、场景都不断创新，从发展机遇和趋势来看，大体有三方面的积极因素。

第一，人民对美好生活的向往带来服务消费升级需求。居民消费从实物消费向服务消费转变是消费升级的重要表现。2024 年上半年，我国服务性消费支出占人均消费支出的比重达到 45. 6%，同比提高了 1. 1 个百分点。从国际经验看，当人均国内生产总值超过 1 万美元时，消费升级的进程一般会显著加快。目前，我国人均国内生产总值已经超过了 1. 2 万美元，随着收入水平的提高和中等收入群体规模的扩大，服务消费的扩容升级还有望进一步提速。

第二，人口结构的变化蕴含服务消费的创新动能。2023 年，我国常住人口城镇化率达到了 66. 2%，仍处于城镇化的快速发展时期，农业转移人口的市民化，将带来教育培训、养老托育、居住服务等消费需求。“Z 世代”等年轻消费者逐渐成为消费主力，骑行、滑雪、露营、观演这些悦己消费、沉浸体验消费越来越受到青睐。老年助餐、居家助老、养老照护等服务业态也逐渐丰富，既帮助老年人及其子女解决急难愁盼问题、提高生活品质，也孕育着服务消费的新机遇。

第三，科技创新创造服务消费的新供给。当前，科技革命和产业变革加速演进，新技术手段不断涌现。送餐、教育、医疗等服务机器人不断迭代升级，2024 年上半年，服务机器人产量同比增长 22. 8%。“互联网+”医疗服务、数字教育等新模式稳步发展，电子竞技、社交电商、直播电商等新业态快速成长，为消费者提供了更加丰富、多样、便利的消费选择。

下一步，我们将围绕三个主题词，不断增强服务消费创新动能。第一个主题词是“培育”。国家发展和改革委员会 2024 年 6 月牵头制定出台了《关于打造消费新场景培育消费新增长点的措施》，把消费场景的数字化、智能化作为重点引导和鼓励方向，在推动这些政策快落地见实效的同时，我们还将把服务消费场景创新升级纳入下一步会同有关部门开展的“百佳消费新场景”活动之中。第二个主题词是“融合”。要推动商业、交通、文化、旅游、体育等多种服务业态创新融合，推进先进制造业和现代服务业深度融合，推进农村一二三产业融合发展，增强服务消费发展动能。第三个主题词是“激活”。持续建设市场化、法治化、国际化一流营商环境，完善促进民营企业高质量发展体制机制，支持服务类企业轻装上阵搞创新、精益求精创品牌，在创新发展中更好满足消费需求。

问：举办特色活动和发放消费券等举措是提振消费的有力措施。《意见》中提出，要开展全国文化和旅游消费促进活动，实施“百城百区”文化和旅游消费行动计划，请问文化和旅游部有哪些工作考虑？

答：全国文化和旅游消费促进活动，以及“百城百区”文化和旅游消费行动计划，是文化和旅游部扩大优质产品供给、丰富消费惠民措施、满足美好生活新期待的重要举措。

首先，丰富文旅产品和活动增强“体验感”。2024年以来，文化和旅游部以“文旅惠民乐民 共享美好生活”为主题，围绕春节、五一、暑期、国庆等重点时段贯穿全年，组织各地及支持单位持续推出特色文旅活动、新型消费场景和消费惠民措施。特别是当前正值暑期，暑期是一年中时间跨度最长的旅游旺季。我们组织开展全国暑期文化和旅游消费季，发布“跟着演出去旅行”“避暑消夏好去处”等暑期文旅产品，“跟着赛事去旅行”暑期赛事目录，以及多项惠民乐民组合“礼包”。各地也在围绕夜间游、避暑游、亲子游等消费热点，联动金融机构、电商平台、媒体平台等，推出超过4000项约3.7万场次内容丰富、形式多样的文旅活动，打造滨海、森林、音乐节、演唱会、展览展会、户外运动、文体赛事等多姿多彩的新场景，创新发展夜间文旅经济，推动有条件的文博场馆、旅游景区延长开放时间，丰富国风国潮、艺术时尚、演出展览、美食消夏等特色活动。

其次，加大联动惠民力度提升“获得感”。我们与中国银联共同实施“百城百区”文化和旅游消费行动计划，组织有关合作银行、支持企业将营销经费和优质资源向文旅领域倾斜。暑期，中国银联推出“夏日伴你游”专题活动，围绕旅游景区、酒店、餐饮、购物等各类消费场景开展线上线下惠民活动。工商银行推出“工银爱旅行 随机一分游”、工行信用卡爱购酒店等活动。携程旅行开展夏日出游特惠活动，推出度假、租车、门票、演出等惠民措施。中国石化拿出9亿元补贴优惠，围绕“爱跑节”“易捷易享节”推出暑期自驾出行的惠民措施，让自驾游更实惠、更便利。

这些暑期文旅消费季的活动正在火热开展，希望能够陪伴大家度过欢乐暑期，共享美好夏日。下一步，我们还将举办系列主题活动，推出丰富多彩的文旅产品、文旅活动和“真金白银”的惠民措施。

问：餐饮业与广大人民群众日常生活密切关联，其恢复和扩大对整体消费市场的增长具有显著的推动作用。此次《意见》对促进餐饮消费作出部署，请问2024年以来餐饮业发展情况如何？下一步将采取哪些措施促进餐饮消费？

答：餐饮业与广大人民群众的日常生活紧密关联，同时餐饮业也是社会消费品零售总额中占比最大的一个品类，在促消费、惠民生、稳就业中发挥了重要作用。根据国家统计局的数据，2023年以来，我国餐饮业保持了较快增长态势，2023年全国餐饮收入是5.29万亿元，规模创历史新高，同比增长了20.4%，对社会消费品零售总额增长的贡献率达到28.2%。2024年上半年全国餐饮收入达到2.6万亿元，同比增长7.9%，总体上继续保持了较快增长态势，而且增速也比商品零售额快4.7个百分点，对社零增长的贡献率达到了22.8%。下一步，商务部也将会同相关部门认真落实这次国务院出台文件的有关要求，从三个方面做好具体工作，促进餐饮消费高质量发展。

首先，加快政策落实落地。2024年3月，商务部会同相关部门印发了《促进餐饮业高质量发展的指导意见》，在保障食品安全、提升餐饮服务品质、创新消费场景以及优化营商环境等方面提出一系列的政策举措。同时，如上海、北京、陕西等地也因地制宜，结合地方的实际情况，出台了一系列的具体落实举措，还有一些地方正在研究制定细化的措施。商务部将指导各个地方建立健全促进餐饮业高质量发展的工作机制，加强统筹协调，推进相关政策落地见效，持续释放政策红利。

其次，着力激发消费活力。商务部将会同有关部门持续办好“中华美食荟”系列促消费活动，以及“中华美食文化季”有关活动，着力培育餐饮消费热点；还将培育、认定一批中华美食街区，推动提升餐饮业数字化水平，推进餐饮与商贸、文旅融合发展；指导地方加快发展特色餐饮，培育特色小吃产业集群，以及这次国务院文件里明确提出的名菜、名小吃、名厨、名店。2024 年，商务部还与中央广播电视总台联合摄制了《三餐四季》美食文旅节目，有些节目已经在电视上播出了，取得很好的收视效果和宣传效果，在激活餐饮消费活力、有效带动地方美食文旅消费方面发挥了非常好的作用。

最后，积极营造良好发展氛围。商务部将会同相关部门积极优化餐饮业营商环境，规范行业经营秩序，挖掘宣传餐饮从业人员优秀事迹，提升餐饮从业人员职业荣誉感。商务部还将持续监测餐饮业发展动态，总结梳理各地推进餐饮业高质量发展的有效做法和典型经验，特别是在场景创新、品牌培育、数字赋能以及优化营商环境等方面的好经验、好案例，及时做好宣传推广，与相关部门、各地方密切合作，共同推动餐饮业的高质量发展。

问：中共中央政治局会议提出“把服务消费作为消费扩容升级的重要抓手”。围绕消费扩容升级，商务部下一步将从哪些方面促进服务消费的发展？

答：服务消费实际上是与老百姓的日常生活息息相关的，是老百姓日常生活的一个部分，直接关系到亿万群众的获得感和幸福感。商务部将会同相关部门，重点从以下几个方面开展工作。

首先是加强统筹协调。商务部会同相关部门已经建立了促进服务消费发展工作协调机制，2024 年 7 月中旬已经召开了第一次机制全体会议。我们还将持续发挥机制作用，协调推进服务消费发展政策措施的研究制定和组织实施，研究解决制约服务消费发展的难点堵点，共同促进服务消费高质量发展。

其次是构建“1+N”的政策体系和工作体系。实际上政策体系和工作体系是一体的。“1”就是《意见》。《意见》明确了促进服务消费总体要求、重点任务、支持举措，其将统领今后一个时期服务消费发展。“N”就是由相关部门围绕重点行业领域，从扩大开放、行业促进、政策支持、要素保障、环境优化等方面研究出台若干切实管用的具体政策措施，全方位促进服务消费。

再次是优化服务供给。发展服务消费，提升供给质量是关键。我们将抓好开放，推动放宽服务业市场准入，提升跨境服务贸易开放水平，提供更多高品质、差异化供给。各地要发挥好各自的优势，提供更多差异化服务供给。要抓好品质，不断改善服务消费体验，撬动市场资源和社会力量，鼓励发展多元化、多层级的服务消费体系；抓好创新，深耕细分市场，促进跨界融合、多业态融合、多场景交融，通过创新为传统服务消费赋能，更好发挥服务消费“惠民”“富民”的作用。

最后是搭建平台载体。我们将发挥部门合力，实施服务消费提质惠民行动，积极改善消费条件、创新消费场景、优化消费环境。结合开展“消费促进年”活动，围绕餐饮住宿、文旅娱乐、健康养老、教育体育、生活服务等重点领域，举办服务消费季系列促进消费活动，形成供给和需求两端发力、政策和平台双轮驱动的促进服务消费发展格局。

司法解释、司法指导性文件与解读

最高人民法院

关于大型企业与中小企业约定以第三方支付款项为付款前提条款效力问题的批复

法释〔2024〕11号

（2024年6月3日最高人民法院审判委员会第1921次会议通过
2024年8月27日最高人民法院公告公布
自2024年8月27日起施行）

山东省高级人民法院：

你院《关于合同纠纷案件中“背靠背”条款效力的请示》收悉。经研究，批复如下：

一、大型企业在建设工程施工、采购货物或者服务过程中，与中小企业约定以收到第三方向其支付的款项为付款前提的，因其内容违反《保障中小企业款项支付条例》第六条、第八条的规定，人民法院应当根据民法典第一百五十三条第一款的规定，认定该约定条款无效。

二、在认定合同约定条款无效后，人民法院应当根据案件具体情况，结合行业规范、双方交易习惯等，合理确定大型企业的付款期限及相应的违约责任。双方对欠付款项利息计付标准有约定的，按约定处理；约定违法或者没有约定的，按照全国银行间同业拆借中心公布的一年期贷款市场报价利率计息。大型企业以合同价款已包含对逾期付款补偿为由要求减轻违约责任，经审查抗辩理由成立的，人民法院可予支持。

保护中小企业的合法权益
促进各经营主体公平参与市场竞争

——解读《最高人民法院关于大型企业与中小企业约定以第三方支付款项为付款前提条款效力问题的批复》

为深入贯彻落实党的二十大和二十届二中、三中全会精神，进一步解决企业账款拖欠问题，保障中小企业公平参与市场竞争，依法维护企业合法权益，提振经营主体信心，最高人民法院研究制定了《关于大型企业与中小企业约定以第三方支付款项为付款前提条款效力问题的批复》（以下简称《批复》），于 2024 年 8 月 27 日正式发布。

这是最高人民法院落实党中央、国务院关于清理企业拖欠账款决策部署的一项重要司法举措。《批复》对大型企业和中小企业之间以第三方支付款项作为付款条件的约定，在效力上予以否定性评价，并对相关条款无效后如何确定付款期限和违约责任作出规定，体现了依法保障中小企业公平参与市场竞争、维护中小企业合法权益的鲜明态度，对防范化解金融风险、促进矛盾纠纷实质性化解具有重要意义。

近年来，我国虽然陆续出台了中小企业促进法和《保障中小企业款项支付条例》等法律法规，对防范治理大型企业拖欠中小企业账款行为进行约束，但大型企业拖欠中小企业账款问题仍然比较突出，尤其是大型企业在建设工程施工、采购商品或者服务等合同中，常与中小企业签订合同约定在收到第三方（业主或上游采购方）向其支付的款项后再向中小企业付款，或约定按照第三方向其拨付的进度款比例向中小企业支付款项，这类以第三方支付款项作为付款前提的“背靠背”条款，是引发相关款项支付纠纷的重要原因。

这类“背靠背”条款本质上是将第三方付款风险转嫁给下游供应商或者施工方，对于依约全面履行了合同义务的守约方而言，明显有失公允。一方面，中小企业市场竞争力普遍不强，交易过程中往往处于弱势地位，缺乏与大型企业进行平等协商谈判的能力，往往出于生存考虑不得不同意此类不合理的交易条件，难以体现中小企业的真实意愿，发生争议也不敢采取投诉、司法手段维权；另一方面，基于信息不对称的原因，中小企业通常无法及时了解大型企业与第三方（往往是机关、事业单位）之间合同的履行情况，难以对第三方的付款风险进行把控，由其承担第三方不及时付款的风险亦不符合合理的风险负担原则。近年来，随着欠款规模不断增长、账期持续拉长，中小企业面临的账款回收压力、诉讼周期成本等已成为影响其生存和发展的重要障碍，甚至濒临破产。此类“背靠背”条款亦与国家关于改善中小企业经营环境、保障中小企业公平参与市场竞争、维护中小企业合法权益的宏观政策导向不符。

从调研中了解的情况看，由于现行法律法规对此类“背靠背”条款缺乏明确处罚措施，给相关部门的行政执法带来困难，中小企业担心“赢了官司丢了业务”，轻易不愿也不敢采取司法手段维权。从人民法院受理的案件看，因法律、行政法规没有对此类条款的效力问题加以明文规定，导致具体案件办理过程中理解不同，案件裁判标准不统一，裁判结果亦有较大差异，亟待对相关条款的效力认定、裁判标准予以统一。2024 年 1 月，山东省高级人民法院就审理买卖合同、建设工程合同等合同类纠纷案件中，当事人普遍约定的此类条款效力问题，向最高人民法院报送了《关于合同纠纷案件中“背靠背”条款效力的请示》。

为更好指导各级人民法院妥善审理此类纠纷案件，最高人民法院与工业和信息化部联合进行调研，梳理实践中拖欠中小企业账款情况，以及相关合同条款的主要表现形式。根据调研中了解的情况，最高人民法院研究起草了《批复（征求意见稿）》，并与相关部门多次沟通、听取意见后，经最高人民法院审判委员会审议通过。《批复》的及时发布，有利于推动解决大型企业拖欠中小企业账款问题，对于畅通中小企业司法救济渠道、统一案件裁判标准、激发市场活力均具有重要意义。

《批复》共计 2 条，分别就大型企业与中小企业约定以第三方支付款项为付款前提条款效力、认定合同约定条款无效后如何合理确定付款期限及相应的违约责任两个方面的法律适用问题进行了规定。对《批复》内容的理解，可以从四个方面加以把握。

一是适用范围问题。《批复》适用的案件类型范围为合同纠纷，合同主体方面，主要是指大型企业与中小企业。关于大型企业、中小企业的认定标准问题，中小企业促进法第二条、《保障中小企业款项支付条例》第三条对大型企业、中小企业有明确界定标准，可作为司法实践的认定依据。在合同类型方面，《批复》列举了建设工程施工、采购货物或者服务等典型的合同类型，这也是当前问题比较集中的领域。在合同约定内容方面，主要表现为约定大型企业以收到业主或上游采购方等第三方向其支付的款项作为向中小企业付款前提的条款，实践中约定的按照第三方向大型企业拨付的进度款比例向中小企业支付款项等不合理交易条件的，也应包括在内。从案件审理情况看，类似的约定方式可能有多种表现形式，但其本质都是大型企业不承担其交易对手方的违约风险或破产风险，而是将风险转嫁给中小企业。审判工作中，可以从这一方面把握《批复》所适用的不合理交易条件，以便在最大范围内解决中小企业账款拖欠问题。此外，我们注意到，实践中机关、事业单位与中小企业签订的合同中，也存在约定以第三方支付款项为付款前提条款，并因此拖欠中小企业款项的情形。鉴于《保障中小企业款项支付条例》中对机关、事业单位从中小企业采购货物、工程、服务的预算执行、政府投资项目不得垫资建设、付款期限等均有明确规定，故《批复》未将其纳入规范范围。对此类案件，应直接适用《保障中小企业款项支付条例》的相关规定加以处理。

二是条款效力问题。《保障中小企业款项支付条例》第六条第一款规定，机关、事业单位和大型企业不得要求中小企业接受不合理的付款期限、方式、条件和违约责任等交易条件，不得违约拖欠中小企业的货物、工程、服务款项。第八条第二款规定，大型企业应当合理约定付款期限并及时支付款项。上述规定虽然针对的是合同订立后的履行行为，但其目的在于促进大型企业及时支付中小企业账款，保障中小企业公平参与市场竞争，维护中小企业依法获得款项支付的合法权益，在性质上应当属于民法典第一百五十三条第一款规定的强制性规定。因此，大型企业与中小企业约定以第三方支付款项为付款前提的条款，实质是关于不合理的付款期限、方式、条件的约定，显然违反了《保障中小企业款项支付条例》上述条文规定，根据民法典第一百五十三条第一款的规定，此类条款应当认定无效。但此类条款被认定无效，不必然导致合同其他条款无效，在满足其他支付条件情况下，大型企业应当履行合同义务，及时支付合同款项。

三是约定无效后的付款期限及违约责任问题。在上述有关付款期限、方式、条件的合同条款被认定无效后，关于付款期限的起算日，《保障中小企业款项支付条例》第八条第三款规定，合同约定采取履行进度结算、定期结算等结算方式的，付款期限应当自双方确认结算金额之日起算。第九条规定约定以货物、工程、服务交付后经检验或者验收合格作为支付中小企业款项条件的，付款期限应当自检验或者验收合格之日起算，拖延检验或者验收的，付款期限自约定的检验或者验收期限届满之日起算。关于具体付款期限，考虑到实践情况的复杂性，《批复》未予明确规定，人民法院应当根据案件具体情况，结合行业规范、双方交易习惯等，合理确定大型企业的付款期限。

在违约责任确定方面，为保障各经营主体之间的利益平衡，《批复》要求应当充分尊重经营主体的意思自治，经营主体之间约定有利息计付标准的，应当按照约定处理。约定违法或者未约定的，应当按照中国人民银行授权全国银行间同业拆借中心公布的一年期贷款市场报价利率（LPR）计息。《批复》还明确大型企业违约责任的确定主要基于填补损失原则，如果大型企业以合同价款已包含对逾期付款补偿为由要求减轻违约责任，人民法院应当依法进行审查，抗辩理由成立的应当予以支持，确保实现各经营主体之间的利益平衡。

四是溯及力的问题。因《保障中小企业款项支付条例》自 2020 年 9 月 1 日开始施行，根据溯及力的一般原则，对于 2020 年 9 月 1 日之后大型企业和中小企业签订此类“背靠背”条款引发的纠纷案件，应当适用《批复》的规定。对于 2020 年 9 月 1 日前大型企业和中小企业签订此类“背靠背”条款引发的纠纷案件，虽然不能直接适用《批复》规定，但是最高人民法院处理该问题的态度是一贯的，为做好《批复》施行的衔接，最高人民法院将广西某物资公司诉某工程公司买卖合同纠纷案、上海某建设公司诉上海某公司建设工程施工合同纠纷案、北京某建筑工程公司诉某建筑公司北京分公司、某建筑公司建设工程分包合同纠纷案作为示范案例纳入案例库，以统一裁判尺度。

（来源：最高人民法院网站）

部门规章、规章性文件与解读

国家金融监督管理总局

关于部分非银机构差异化适用公司治理等相关监管规定的通知

（2024 年 9 月 10 日）

各金融监管局：

为构建非银行金融机构（以下简称非银机构）差异化监管制度体系，强化金融监管的针对性和有效性，提升精细化监管水平，现就金融租赁公司、企业集团财务公司、消费金融公司、汽车金融公司和货币经纪公司等五类非银机构调整适用公司治理、关联交易和资本管理等监管规定有关事项通知如下：

一、总体要求

非银机构应当严格遵守国家法律法规，按照监管规定要求建立健全组织机构、完善关联交易管理机制、持续增强资本管理能力、提升内部管理水平、着力健全风险管理长效机制，夯实高质量发展基础。

符合本通知规定条件的非银机构，可以按照本通知要求调整适用《银行保险机构公司治理准则》（银保监发〔2021〕14 号，以下简称

《公司治理准则》）、《银行保险机构关联交易管理办法》（中国银行保险监督管理委员会令2022年第1号，以下简称《关联交易管理办法》）和《商业银行资本管理办法》（国家金融监督管理总局令2023年第4号）的部分监管规定，同时应当严格执行相关监管制度的其他规定。

二、关于公司治理规定的调整适用

（一）董事会的人数。同一股东及其关联方、一致行动人合计全资控股的有限责任公司形式的非银机构，可以不适用《公司治理准则》第四十七条“董事会人数至少为五人”的规定，可以按照《中华人民共和国公司法》第六十八条“董事会成员为三人以上”的规定执行。相关非银机构要推动董事认真履行忠实、勤勉义务，充分发挥董事参与公司治理决策等方面的作用。

（二）董事的提名。主要股东（同一股东及其关联方视为一名股东，下同）数量不超过五个的非银机构，同一股东及其关联方提名的董事数量可以超过董事会成员总数的三分之一，同时应当按照适当分散的原则合理确定各方提名的董事占比。

（三）独立董事的设置。同一股东及其关联方、一致行动人合计持股比例超过50%的未上市非银机构，可以结合实际自行决定是否设置独立董事。不设置独立董事的非银机构，可以不适用《公司治理准则》第四章第二节、第五十六条以及《关联交易管理办法》第三十九条、第四十九条和第六十条等关于独立董事的相关规定，同时应当建立健全其他内部监督制衡机制，保护中小股东合法权益。

（四）独立董事的占比。主要股东数量不超过五个的非银机构，可以结合实际自行决定独立董事的人数、独立董事在董事会及专业委员会中的占比，不适用《公司治理准则》第三十四条“独立董事人数原则上不低于董事会成员总数三分之一”、第五十六条“审计、提名、薪酬、风险管理、关联交易控制委员会中独立董事占比原则上不低于三分之一”的规定。同时应当采取有效内部管理措施，防止出现一股独大、大股东控制等问题。

（五）独立董事的提名。全部主要股东均已提名非独立董事的非银机构，已经提名非独立董事的股东及其关联方可以再提名独立董事，同时应当充分保障董事会内部制衡有效性和董事的独立性。

（六）董事会秘书。未上市的非银机构可以不设置董事会秘书。

（七）监事的提名。全部主要股东均已提名董事的非银机构，已经提名董事的股东及其关联方可以再提名监事。

（八）外部监事的设置和占比。同一股东及其关联方、一致行动人合计持股比例超过 50% 的未上市非银机构，可以自行决定是否设置外部监事。不设置外部监事的非银机构，不适用《公司治理准则》第六十六条、第六十七条等关于外部监事的规定。主要股东数量不超过五个且已设立监事会的非银机构，可以结合实际自行决定外部监事在监事会中的占比，不适用《公司治理准则》第六十七条“外部监事的比例不得低于三分之一”的规定。

三、关于关联交易规定的调整适用

（九）财务公司关联交易管理。企业集团财务公司可以由董事会下设的专业委员会承担关联交易管理、审查和风险控制等职责。

（十）汽车业务相关关联交易管理。汽车集团财务公司、汽车金融公司开展相关消费信贷业务涉及厂商贴息的，不适用《关联交易管理办法》关于关联交易审议和披露的规定。同时，相关非银机构应当按照《关联交易管理办法》的其他规定，加强对此类业务活动的管理。

四、关于资本管理规定的调整适用

（十一）资本监管档次划分标准。并表口径调整后表内外资产余额小于100亿元人民币并且境外债权债务余额为0的非银机构，适用《商业银行资本管理办法》第三档商业银行相关监管规定；其他非银机构适用《商业银行资本管理办法》第二档商业银行相关监管规定。

国家金融监督管理总局有关司局负责人就《国家金融监督管理总局关于部分非银机构差异化适用公司治理等相关监管规定的通知》答记者问

2024年9月10日，国家金融监督管理总局发布《国家金融监督管理总局关于部分非银机构差异化适用公司治理等相关监管规定的通知》（以下简称《通知》），有关司局负责人就相关问题回答了记者提问。

问：《通知》的出台背景是什么？

答：由于非银机构在功能定位、业务模式、风险外溢性等方面与商业银行有较大差异，目前已出台的公司治理、资本管理等监管法规制度中均规定非银机构参照执行，但未明确执行标准。为明确非银机构适用公司治理、资本管理等监管法规的具体标准，实施精细化监管，切实提高金融监管的针对性和有效性，国家金融监督管理总局在深入调研的基础上，按照风险为本、问题导向、实事求是的原则，研究制定了《通知》。

问：《通知》主要内容有哪些？

答：《通知》要求非银机构应当严格遵守国家法律法规，按照监管规定要求建立健全组织机构、完善关联交易管理机制、持续增强资本管理能力、提升内部管理水平、着力健全风险管理长效机制。在此基础上，结合当前行业发展实践，明确非银机构适用公司治理、关联交易和资本管理等监管规定的标准。

上述标准主要包括：一是对于同一股东及其关联方、一致行动人合计全资控股的有限责任公司形式的非银机构，不强制要求董事会人数最少为5人；二是对于股权较为集中的非银机构，对同一股东及其关联方提名的董事数量占比，不限制在1/3以下，并可结合实际合理确定独立董事、外部监事的人数；三是在有效保障全体主要股东的董事、监事提名权的基础上，不限制其再提名独立董事、监事；四是允许未上市的非银机构不设置董事会秘书；五是建立符合非银机构业务经营特征的关联交易监管规则；六是适当调整部分资本管理规定，以契合非银机构的经营特征和风险水平。

问：调整适用非银机构公司治理监管规定主要基于哪些原因？

答：与商业银行股权相对分散不同，非银机构股东数量相对较少，股权较为集中，很多非银机构的第一大股东持股比例高于50%，股东数量不到5名，实践中很难做到由不同股东分别提名董事、监事。非银机构也不直接吸收公众存款，主要经营融资租赁、消费金融、汽车金融、货币经纪等特定领域或聚焦服务企业集团成员单位，风险外溢性相对较小。按照实事求是的原则，《通知》在充分保障中小股东合法权益的基础上，允许非银机构结合实际、建立简单有效的公司治理机制，这也有助于降低公司治理成本，提高运营效率。

同时，为确保不因差异化适用而放松监管尺度和管理要求，《通知》也明确提出，非银机构必须遵守国家法律法规以及《通知》未作出差异化安排的其他监管法规规定，通过适当方式和措施建立有效的内部监督制衡机制，切实保护中小股东合法权益，防范一股独大、大股东不当干预等风险。

下一步，金融监管总局将加强监管引领，及时评估监管要求调整适用情况，对监管要求落实不到位、理解不当、执行走偏等问题予以纠正。同时，根据非银机构自身性质、功能定位、股权结构、业务经营模式等特点，持续完善非银机构监管法规制度体系。

（来源：国家金融监督管理总局网站）

生态环境部

关于印发《生态环境部门进一步促进民营经济发展的若干措施》的通知

2024年9月13日　　环综合〔2024〕62号

各省、自治区、直辖市生态环境厅（局），新疆生产建设兵团生态环境局：

为深入贯彻党中央、国务院关于促进民营经济发展壮大的决策部署，指导生态环境部门更好支持服务民营经济发展，我部组织制定了《生态环境部门进一步促进民营经济发展的若干措施》。现印发给你们，请抓好落实。

生态环境部门进一步促进民营经济发展的若干措施

为深入贯彻党中央、国务院关于促进民营经济发展壮大的决策部署，落实“两个毫不动摇”，发挥民营企业在高质量发展中的重要作用，以生态环境高水平保护增创民营经济发展新动能新优势，指导生态环境部门更好支持服务民营经济发展，现提出如下措施。

一、支持绿色发展

1. 促进绿色低碳转型。加快制修订污染物排放标准，完善重点行业企业碳排放核算、项目碳减排量核算标准和技术规范，建立产品碳足迹管理体系，引导企业绿色低碳发展。支持企业发展绿色低碳产业和绿色供应链，开展减污降碳协同创新。推动石化化工、钢铁、建材等传统产业绿色改造，提升清洁生产水平。支持企业实施清洁能源替代，鼓励有条件的企业提升大宗货物清洁化运输水平，推进内部作业车辆和机械新能源更新改造。

2. 推动大规模设备更新。坚持鼓励先进、淘汰落后，帮扶企业排查落后生产工艺设备、低效失效污染治理设施，积极支持企业对各类生产设备、大气污染治理设施、污水垃圾处理设备等设备更新和技术改造，促进产业高端化、智能化、绿色化。推动对环境保护专用设备更新给予财税、金融等政策支持。

3. 增加环境治理服务供给。推动大规模回收循环利用，支持企业提升废旧资源循环利用水平。完善产业园区环境基础设施，推动企业集聚发展和集中治污。鼓励中小型传统制造企业集中的地区，结合产业集群特点，因地制宜建设集中污染处理设施。进一步完善小微企业和社会源危险废物收集处理体系，支持企业提供第三方专业服务。

4. 加强生态环境科技支撑。深入开展科技帮扶行动，为中小微企业治理环境污染提供技术咨询。完善实用技术管理机制，基于生态环境治理需求，面向社会征集先进污染防治技术，鼓励民营企业积极申报，加快企业先进技术推广应用。依托国家生态环境科技成果转化综合服务平台，为各类市场主体提供技术咨询和推广服务。鼓励具备条件的民营企业参与生态环境重大科技计划和创新平台建设。

5. 支持发展环保产业。结合“十五五”规划编制研究实施一批生态环境保护治理重大工程，制定污染防治可行技术指南和环境工程技术规范，增强环保产业发展预期。引导环保企业延伸拓展服务范围和服务领域，促进生态环保产业、节能产业、资源循环利用产业、低碳产业一体化融合发展。配合有关部门依法依规督促机关、事业单位和大型企业履行生态环境领域项目合同。

二、优化环境准入

6. 提高行政审批服务水平。对照中央和地方层面设定的生态环境领域涉企经营许可事项，以告知书、引导单等形式告知企业生态环境保护政策、责任和要求，以及许可事项办理流程、时限、联系方式等。对企业投资建设项目中遇到的问题落实首问负责制、一次告知服务制。

7. 持续深化环评改革。落实登记表免予办理备案手续、报告表“打捆”审批、简化报告书（表）内容等“四个一批”环评改革试点政策。有序推进环评分类管理，环评文件标准化编制、智能化辅助审批试点，优化环评审批分级管理。继续实施环评审批“三本台账”和绿色通道机制，对符合生态环境保护要求的民营重大投资项目，开辟绿色通道，实施即报即受理即转评估，提高环评审批效率。

8. 优化总量指标管理。健全总量指标配置机制，优化新改扩建建设项目总量指标监督管理。在严格实施各项污染防治措施基础上，对氮氧化物、化学需氧量、挥发性有机污染物的单项新增年排放量小于 0. 1 吨，氨氮小于 0. 01 吨的建设项目，免予提交总量指标来源说明，由地方生态环境部门统筹总量指标替代来源，并纳入台账管理。

9. 推动环评与排污许可协同衔接。对工艺相对单一、环境影响较小、建设周期短的建设项目，在按规定办理环评审批手续后，新增产品品种但生产工艺、主要原辅材料、主要燃料未发生变化、污染物种类和排放量不增加的，不涉及重大变动的，无需重新办理环评，直接纳入排污许可管理；建设单位无法确定是否涉及重大变动的，可以报请行政审批部门核实。对符合要求的建设项目，在企业自愿的原则下，探索实施环评与排污许可“审批合一”。统筹优化环评和排污许可分类管理，部分排放量很小的污染影响类建设项目不再纳入环评管理，直接纳入排污许可管理。

10. 加强建设项目投资政策指导。对企业投资的同一建设项目，涉及生态环境领域多个行政许可事项的，要加强行政许可事项衔接；对有区域布局、规模控制等要求的，要加强统筹、提前考虑项目建成之后的经营准入许可，为项目建设、运行提供一揽子指导服务。

三、优化环境执法

11. 实行生态环境监督执法正面清单管理。对正面清单内的企业减少现场执法检查次数，综合运用新技术、新手段，按照排污许可证规定，以非现场方式为主开展执法检查，对守法企业无事不扰。规范生态环境管理第三方服务，切实提高服务质效。

12. 持续规范涉企收费和罚款。定期清理规范生态环境领域涉企收费事项，做好规范经营服务性收费、中介服务收费相关工作，推动治理变相收费、低质高价，切实减轻企业经营负担。严禁以生态环境保护名义向企业摊派。全面落实规范和监督罚款设定与实施要求，优化营商环境。

13. 减少企业填表。充分利用环境统计、排污许可、环评审批、固废管理、污染源监测等系统平台已有数据，建立数据共享机制，实现数据互联互通，推动“多表合一”，探索“最多报一次”。鼓励省级生态环境部门开展涉企报表填报减负改革试点。

14. 严禁生态环境领域“一刀切”。统筹民生保障和应急减排，实施绩效分级差异化管控，科学合理制定重污染天气应急减排清单，明确不同预警级别的应急响应措施，严格按照应急预案启动和解除重污染天气预警。不得为突击完成年度环境质量改善目标搞限产停产。严禁为应付督察等采取紧急停工停业停产等简单粗暴行为，以及“一律关停”“先停再说”等敷衍应对做法。

四、加大政策支持

15. 规范环保信用评价。合理界定评价对象，坚持过惩相当，明确评价结果适用边界条件。推进依法不予处罚信息、一定期限之前的生态环境行政处罚决定，不纳入环保信用信息范围。推广环保信用承诺制度。健全企业环保信用修复制度，完善信用修复机制，引导企业“纠错复活”，帮助企业“应修尽修”。

16. 强化财政金融支持。将符合条件的民营企业污染治理等项目纳入各级生态环境资金项目储备库，一视同仁给予财政资金支持。发展绿色金融，推动生态环境导向的开发（EOD）等模式创新，加快推进气候投融资试点，适时开展盈余碳排放权（配额）抵押机制建设，解决民营企业环境治理融资难、融资贵问题。

17. 落实税收优惠政策。配合税务部门落实《环境保护、节能节水项目企业所得税优惠目录（2021年版）》《资源综合利用企业所得税优惠目录（2021年版）》和《资源综合利用产品和劳务增值税优惠目录（2022年版）》以及延长从事污染防治的第三方企业减按15%的企业所得税优惠政策。对不能准确判定企业从事的项目是否属于优惠目录范围的，要及时研究、推动解决。

18. 支持参与环境权益交易。完善全国温室气体自愿减排交易市场，推动更多方法学出台，鼓励企业自主自愿开发温室气体减排项目，并通过参与全国碳排放权、全国温室气体自愿减排交易市场交易，实现减排有收益、发展可持续。鼓励各类企业通过淘汰落后和过剩产能、清洁生产、污染治理、技术改造升级等减少污染物排放，形成“富余排污权”，积极参与排污权市场交易。

19. 支持创优和试点示范。鼓励民营企业创建环保绩效 A 级企业，并落实好相关激励政策。支持企业发挥自身优势，参与危险废物“点对点”利用豁免、跨区域转移管理、“无废集团”建设等改革试点示范。支持民营企业在区域重大战略生态环境保护中发挥示范引领作用，生态环境部建立绿色发展典型案例展示平台，引导各类市场主体为打造美丽中国先行区作贡献。

五、健全保障措施

20. 完善工作机制。健全本地区生态环境部门促进民营经济发展的工作机制，明确抓落实的牵头部门、责任分工和责任人。加强与发展改革部门、工商联等沟通联系，经常走访和听取民营企业意见建议，畅通民营企业投诉举报、反映问题、表达诉求的渠道。对民营企业反映突出的共性生态环境问题，要快速反应、紧抓快办。建立“问题收集—问题解决—结果反馈—跟踪问效”工作闭环，努力让更多民营企业有感有得。

指导案例、典型案例与解读

最高人民法院发布涉产品质量典型案例

（2024年9月29日）

质量兴则经济兴，质量强则百业强。质量是人类生产生活的重要保障，既关系人民群众切身利益，也关乎经济社会高质量发展大局。党的十八大以来，在以习近平同志为核心的党中央坚强领导下，我国质量事业实现跨越式发展，质量强国建设取得历史性成效，人民群众质量获得感显著增强。习近平总书记指出，“质量体现着人类的劳动创造和智慧结晶，体现着人们对美好生活的向往”①，“必须更好统筹质的有效提升和量的合理增长，始终坚持质量第一、效益优先，大力增强质量意识，视质量为生命，以高质量为追求。”② 这为我们做好质量工作提供了根本遵循。2023年2月，中共中央、国务院印发《质量强国建设纲要》，明确建设质量强国是推动高质量发展、促进我国经济由大向强转变的重要举措，是满足人民美好生活需要的重要途径。

最高人民法院坚持以习近平新时代中国特色社会主义思想为指导，

① 《习近平向第二届中国质量（上海）大会致贺信》，载《人民日报》2017年9月16日第1版。

② 《习近平在参加江苏代表团审议时强调牢牢把握高质量发展这个首要任务》，载《人民日报》2023年3月6日第1版。

贯彻落实习近平法治思想，坚持以人民为中心，通过制定司法解释和司法政策、发布典型案例等方式明确产品质量责任，助力提升产品质量水平，保护人民群众生命财产安全，服务经济社会高质量发展。2013 年 12 月，制定《最高人民法院关于审理食品药品纠纷案件适用法律若干问题的规定》，对食品、药品质量安全、赠品质量责任等问题作出规定。2020 年 12 月，制定《最高人民法院关于审理食品安全民事纠纷案件适用法律若干问题的解释（一）》，对生产经营者标签责任、首负责任制、平台经营者责任等作出规定，守护人民群众“舌尖上的安全”。2022 年 3 月，制定《最高人民法院关于审理网络消费纠纷案件适用法律若干问题的规定（一）》，对 7 天无理由退货制度的适用、电子商务平台经营者责任、网络直播营销平台责任、外卖餐饮质量安全等问题作出规定，加强数字经济背景下商品、服务质量的司法保障。2022 年 12 月，制定《最高人民法院关于为促进消费提供司法服务和保障的意见》，依法惩治生产销售假种子、假化肥、假农药等违法犯罪行为。2024 年 8 月，制定《最高人民法院关于审理食品药品惩罚性赔偿纠纷案件适用法律若干问题的解释》，保护食品药品安全和消费者合法权益，服务和保障经济社会持续健康发展。最高人民法院还发布消费者权益保护典型案例、网络消费典型案例、“农资打假”典型案例、涉未成年人食品安全司法保护典型案例、食品安全惩罚性赔偿典型案例等，切实维护消费者等各类主体合法权益，助力质量强国建设。

为全面贯彻党的二十大和党的二十届二中、三中全会精神，落实《质量强国建设纲要》部署，继续做好质量提升的司法服务保障工作，依法保护消费者、农村承包经营户等各类主体合法权益，最高人民法院从全国法院征集的案例中精选出 6 件涉产品质量典型案例，在 2024 年 9 月全国“质量月”期间发布，涉及食品安全保护、农资产品质量保护、支持行政机关依法行使质量监管权、保护缺陷产品受害人权利等方面。此次发布的典型案例有以下四个特点。

一是贴近群众生产生活。此次发布的案例中，案例一和案例五涉及烟花爆竹质量和食品质量安全等生活消费中的质量安全问题，案例二、案例三和案例四涉及“假化肥”“假种子”“问题农机”等农村农业生产经营中的产品质量问题，案例六涉及“问题空调”引发火灾导致的安全生产经营事故问题。这些都是人民群众在生活消费、农业生产、商业经营中常遇到的质量安全问题。典型案例通过发挥规范、引导功能，在全社会树立“质量第一”的观念，依法保护生产、流通、消费各环节、全流程的产品质量安全。

二是压实生产经营者责任。此次发布的典型案例既涉及民事法律责任的承担，也涉及刑事法律责任和行政法律责任的承担，既涉及食品等消费领域的产品质量责任，也涉及种子、化肥、农机等生产领域的产品质量责任。案例五谢某生产、销售不符合安全标准的食品案，明确了制售不符合安全标准的食品构成犯罪的，应依法承担刑事责任的裁判规则。违反产品质量法等法律规定，生产经营不合格产品甚至有毒有害产品，不仅要承担民事赔偿责任，情节恶劣、后果严重的还要受到行政处罚和刑事制裁。

三是加强受害人权益保护。案例一奶某某诉某烟花爆竹专营店产品责任纠纷案明确了非直接购买缺陷产品的受害人有权依法请求生产者、销售者承担赔偿责任的裁判规则。根据消费者权益保护法第四十条第二款规定，因商品缺陷造成人身、财产损害的，除了与经营者有合同关系的消费者有权请求生产者或者经营者赔偿损失外，其他受害人亦有权请求赔偿损失，经营者以与受害人不存在合同关系为由提出的免责抗辩不能成立。案例六某奶粉店诉某空调股份有限公司产品责任纠纷案明确，存在质量缺陷的空调造成损失的，除销售者外，受害人可直接请求生产者承担赔偿责任。近年来，因电动自行车、家用电器等产品存在质量缺陷引发的火灾事故屡见报端。通过发挥典型案例的规范引导作用，促使生产者加强质量管控，保护广大人民群众的生命财产安全。

四是服务保障“三农”发展。查处假冒伪劣农资，对于维护农民权益、夯实农业基础、推进乡村全面振兴具有重要意义。此次发布的案例中有3件涉及化肥、种子、农机等农资质量保护。案例二敬某诉某生物科技有限公司、魏某产品责任纠纷案，明确销售有效成分与包装标识严重不符的化肥构成消费欺诈的，应承担惩罚性赔偿责任；案例三某种子商场诉某县农业农村局行政处罚案，明确经营者销售假种子的，行政机关有权依法采取没收、罚款等行政处罚措施。案例四檀某某诉某农业机械销售有限公司产品责任纠纷案，明确经营者对于农机存在缺陷造成损害不因产品过保修期而免责的裁判规则。产品过保修期后，生产经营者不再承担保修责任，但仍然应当依法对产品缺陷造成的损害承担赔偿责任。销售假冒伪劣农药、化肥、种子等行为，严重危害农业生产安全，人民法院将依法予以严厉打击，防范遏制坑农害农行为。

下一步，最高人民法院将继续加强对涉产品质量案件的审判指导，与相关行政主管部门加强沟通协作，为深入实施质量强国建设、提升产品质量水平、实现经济社会高质量发展提供更加有力的司法服务和保障。

涉产品质量典型案例

案例一　非直接购买缺陷产品的受害人有权依法请求生产者、销售者承担赔偿责任

——奶某某诉某烟花爆竹专营店产品责任纠纷案

案例二　销售有效成分含量与包装标识严重不符的化肥构成消费欺诈的，应承担惩罚性赔偿责任

——敬某诉某生物科技有限公司、魏某产品责任纠纷案

案例三　经营者销售假种子未尽质量查验义务应担责

——某种子商场诉某县农业农村局行政处罚案

案例一

非直接购买缺陷产品的受害人有权依法请求生产者、销售者承担赔偿责任

——奶某某诉某烟花爆竹专营店产品责任纠纷案

【基本案情】

2021 年 1 月，奶某某的亲戚伍某某从某烟花爆竹专营店处购买了一批烟花爆竹。在燃放过程中，其中一箱爆竹出现侧面喷射及倾倒现象，导致奶某某以及在场多人受伤。奶某某右脚被炸伤，送至医院住院治疗，住院 49 天。因赔偿事宜协商未果，奶某某遂起诉要求某烟花爆竹专营店赔偿其医疗费、护理费、营养费、伙食补助费、交通费等共计 14 万余元。

【裁判结果】

审理法院认为，产品质量法第十三条规定：“可能危及人体健康和

人身、财产安全的工业产品，必须符合保障人体健康和人身、财产安全的国家标准、行业标准；未制定国家标准、行业标准的，必须符合保障人体健康和人身、财产安全的要求。禁止生产、销售不符合保障人体健康和人身、财产安全的标准和要求的工业产品。具体管理办法由国务院规定。”第四十三条规定：“因产品存在缺陷造成人身、他人财产损害的，受害人可以向产品的生产者要求赔偿，也可以向产品的销售者要求赔偿。属于产品的生产者的责任，产品的销售者赔偿的，产品的销售者有权向产品的生产者追偿。属于产品的销售者的责任，产品的生产者赔偿的，产品的生产者有权向产品的销售者追偿。”国家标准《烟花爆竹安全与质量》（GB 10631—2013）明确规定烟花爆竹在燃放时不应产生倾倒，应符合发射偏斜角的要求。在本案中，案涉烟花在燃放时存在侧面喷射和倾倒现象，不符合国家标准，具有质量缺陷。缺陷产品造成人身、财产损害时，受害人有权请求生产者和销售者承担责任。受害人既包括直接购买并使用缺陷产品的人，也包括非直接购买使用缺陷产品但受到缺陷产品损害的其他人。奶某某虽非直接购买人，但属于因产品缺陷受到损害的人，其就人身损害请求赔偿具有事实和法律依据。法院判决某烟花爆竹专营店向奶某某支付医疗费、护理费、营养费、伙食补助费、交通费等各项损失共计 13 万余元。

【典型意义】

产品责任是产品存在缺陷导致人身或者财产损害，生产者、销售者应当承担的赔偿责任。缺陷产品侵权纠纷中受害人既可能是产品的购买者，也可能是购买者之外的其他人。本案认定非直接购买使用缺陷产品但受到缺陷产品损害的受害人有权向产品生产者、销售者请求赔偿，符合法律规定，对于督促生产者提升产品质量、销售者销售合格产品，保护受害人权益具有积极意义。

案例二

销售有效成分含量与包装标识严重不符的化肥构成消费欺诈的，应承担惩罚性赔偿责任

——敬某诉某生物科技有限公司、魏某产品责任纠纷案

【基本案情】

2022年3月，敬某种植打瓜需要购买化肥，在某生物科技有限公司处购买钾肥99吨，共计支付货款435600元。2023年3月，敬某认为2022年度打瓜减产与使用该化肥有关，随即联系该公司要求对上述钾肥进行质量成分检测。2023年3月28日，某生物科技有限公司指派人员与敬某共同委托某地产品质量监督检验研究院进行检测，检验结论为水溶性氧化钾的质量分数为27%，硫的质量分数为12%，氯离子的质量分数为13.1%，不符合国家标准《农业用硫酸钾》（GB/T 20406—2017）的规定，也与包装袋上载明的硫酸钾≥51%，硫≥17%，氯离子≤1.5%的成分标识严重不符。敬某与某生物科技有限公司多次协商未果后，起诉请求某生物科技有限公司退还化肥款并支付货款三倍的赔偿金。

【裁判结果】

审理法院认为，产品质量法第二十七条规定："产品或者其包装上的标识必须真实，并符合下列要求：（一）有产品质量检验合格证明；（二）有中文标明的产品名称、生产厂厂名和厂址；（三）根据产品的特点和使用要求，需要标明产品规格、等级、所含主要成份的名称和含量的，用中文相应予以标明；需要事先让消费者知晓的，应当在外包装上标明，或者预先向消费者提供有关资料；（四）限期使用的产品，应

当在显著位置清晰地标明生产日期和安全使用期或者失效日期；（五）使用不当，容易造成产品本身损坏或者可能危及人身、财产安全的产品，应当有警示标志或者中文警示说明。裸装的食品和其他根据产品的特点难以附加标识的裸装产品，可以不附加产品标识。”第三十六条规定：“销售者销售的产品的标识应当符合本法第二十七条的规定。”案涉钾肥有效成分含量与包装标识严重不符，违反法律规定。根据国家市场监督管理总局《侵害消费者权益行为处罚办法》第五条、第六条和第十六条的规定，经营者在销售的商品中以假充真、以次充好，或以虚假的商品说明、商品标准等方式销售商品，以及夸大所提供商品的质量、性能等与消费者有重大利害关系的信息误导消费者属欺诈行为。本案中，某生物科技有限公司作为钾肥的经营者，没有向敬某提供产品的真实信息，其销售的钾肥有效成分含量等质量性能指标与外包装标识严重不符，误导消费者购买化肥，其行为已经构成欺诈。故根据消费者权益保护法第五十五条第一款、第六十二条规定判决某生物科技有限公司退还敬某化肥款并支付货款三倍的赔偿金。

【典型意义】

消费欺诈惩罚性赔偿制度设立的主要目的是对经营者欺诈行为予以惩罚，并威慑、警告其他经营者，防止欺诈行为发生，净化市场环境。化肥、农药等农资产品质量关乎农业生产和农民收入，涉及广大农民群体的切身利益。本案中，农资经营者向农民销售的化肥产品与国家标准严重不符，化肥有效成分含量与包装标识严重不符，已构成欺诈行为，审理法院依法适用“退一赔三”惩罚性赔偿制度，判决经营者承担惩罚性赔偿责任，态度鲜明地依法打击坑农害农行为，营造健康有序的农资市场环境，切实保障农民合法权益，为推进乡村全面振兴提供有力的司法服务和保障。

案例三

经营者销售假种子未尽质量查验义务应担责

——某种子商场诉某县农业农村局行政处罚案

【基本案情】

2022 年 1 月，某县农业农村局行政执法大队对某种子商场开展农作物种子质量监督抽查，经检验被测样品与农业农村部征集审定品种标准样品不同。某县农业农村局对该种子商场以涉嫌经营假种子立案调查。经查，某种子商场存在经营假种子的问题。2022 年 7 月，某县农业农村局对某种子商场作出行政处罚决定，没收 122 袋假种子和违法所得，并处罚款 58 万余元。某种子商场不服，以种子零售商对经营种子的质量和真伪没有检验义务、自身无过错为由，向人民法院提起行政诉讼，请求撤销行政处罚决定。

【裁判结果】

审理法院认为，某县农业农村局作为政府农业农村行政主管部门主管辖区农作物种子工作，有对辖区内从事品种选育和种子生产、经营、使用、管理等活动中的违法行为作出行政处罚的法定职责。种子法第四十八条第一款规定，禁止生产经营假、劣种子。该条第二款第二项规定，种子种类、品种与标签标注的内容不符或者没有标签的，属于假种子。某种子商场作为销售者，所销售的种子存在生产经营许可信息未标注或与许可证载明内容不一致、品种审定编号不正确的情况。生产经营假种子是法律明令禁止的行为，对种子的标签标注内容进行查验属于种子经营者应尽的义务，某种子商场并未尽到其应尽的查验义务。某县农业农村局综合考虑其违法行为后果、违法经营货值和违法品种数量等事实作出行政处罚，履行了受案、传唤询问、调查取证、陈述申辩听证权利告知、集体讨论决定作出处罚、送达等法定程序，处罚不存在过当情形。法院判决驳回某种子商场的诉讼请求。

【典型意义】

仓廪实，天下安。种子作为重要的农资，是粮食安全的基础。为确保粮食安全和农业生态安全，种子相关的生产经营活动应受到严格管理。种子法明确禁止生产经营假、劣种子，种子产品经营者对所销售种子的标签标注内容有查验义务，否则将依法承担法律责任。本案判决彰显了坚决支持农业农村主管部门依法打击生产经营假、劣种子等违法行为的鲜明司法导向，对引导种子经营者依法依规经营、保护农民合法权益、捍卫粮食安全具有重要意义。

案例四

经营者对于产品存在缺陷造成的损害不因产品过保修期而免责

——檀某某诉某农业机械销售有限公司产品责任纠纷案

【基本案情】

2021 年 5 月 18 日，檀某某在某农业机械销售有限公司购买一台联合收割机，支付 28 万元价款，保修期为出售之日起 12 个月。2022 年 9 月 16 日，该收割机着火自燃。消防部门经勘测调查作出调查认定书，列明“起火部位为收割机后侧，起火点为收割机左后侧下方，起火原因为电气线路故障引燃周围可燃物蔓延成灾”。事故发生时该收割机已使用 16 个月。经人民法院委托鉴定机构出具评估报告认定，火灾事故给檀某某造成的损失为 202200 元。因协商无果，檀某某起诉请求依法判令某农业机械销售有限公司赔偿其车辆损失 202200 元。

【裁判结果】

审理法院认为，民法典第一千二百零二条规定：“因产品存在缺陷造成他人损害的，生产者应当承担侵权责任。”第一千二百零三条规定：“因产品存在缺陷造成他人损害的，被侵权人可以向产品的生产者请求赔偿，也可以向产品的销售者请求赔偿。产品缺陷由生产者造成的，销售者赔偿后，有权向生产者追偿。因销售者的过错使产品存在缺陷的，生产者赔偿后，有权向销售者追偿。”案涉收割机发生事故时虽已购买 16 个月，但收割机电气线路故障为危害人身、财产安全的不合理危险，属于产品缺陷，不因超过 12 个月保修期而免除责任。法院判决某农业机械销售有限公司赔偿檀某某损失 202200 元。

【典型意义】

本案为一起涉农用机械产品缺陷引发的产品责任纠纷。妥善处理每一起涉农资产品责任纠纷，确保农机产品质量过硬、农业生产秩序良好，以司法手段护航农业生产是人民法院应尽的职责。即使产品过了保修期，如果产品存在危及人身财产安全的重大产品缺陷，生产者仍然应当依法承担责任。农业机械是农民的重要生产工具和财产，本案依法判决经营者赔偿农机产品缺陷造成的损失，对于维护农民合法权益、保护农业生产具有积极意义。

案例五

制售不符合安全标准的食品构成犯罪的，应依法承担刑事责任

——谢某生产、销售不符合安全标准的食品案

【基本案情】

2021年7月，被告人谢某经营某烤鸭店，主要销售凉菜、卤煮熟食等食品。在开业促销活动中，因低价促销，购买消费者多，售卖窗口没有及时关闭，室内温度过高，导致食物滋生细菌，且有的食材超过保质期，多人购买食用后出现身体不适，10人以上出现食物中毒症状送医治疗。经检验，在当天抽检的40份单品中，11批次凉菜检测出“大肠菌群”“金黄色葡萄球菌”，17批次“金黄色葡萄球菌”超出标准限值，鸡翅、烤鸭亚硝酸盐严重超标。2022年4月18日，被告人谢某自动投案，如实供述自己的罪行。检察机关对谢某依法提起公诉。

【裁判结果】

审理法院认为，被告人谢某生产、销售的食品不符合食品安全标准，对人体健康造成严重危害，致使10人以上出现食物中毒症状并送医治疗，其行为已构成生产、销售不符合安全标准的食品罪。根据其自首、认罪认罚和主动赔偿等情节，对其减轻处罚，判决被告人谢某犯生产、销售不符合安全标准的食品罪，判处有期徒刑一年，并处罚金人民币2万元。

【典型意义】

食品安全是人民群众最关心、最直接、最现实的利益问题，每一道

生产流程、每一个制作环节都直接关系到消费者的生命健康安全。经营者必须自觉遵守食品安全法律法规及相关食品安全标准，依法诚信经营，始终把消费者的生命健康安全放在首位。本案中，食品经营者生产、销售的严重超标食品致使10余名消费者患食源性疾病，被依法追究刑事责任，对生产经营者起到了有效的震慑和教育作用。

案例六

空调产品生产者对于产品缺陷造成损失应承担赔偿责任

——某奶粉店诉某空调股份有限公司产品责任纠纷案

【基本案情】

某奶粉店内安装有某空调股份有限公司生产的立式空调一台。2022年7月，某奶粉店发生火灾，该县消防救援大队作出火灾事故认定书，对起火原因认定如下：起火部位位于某奶粉店东北角处，起火点位于奶粉店东北角立式空调部位，认定起火原因为立式空调线路故障引发起火。某奶粉店遂诉至法院，请求判令某空调股份有限公司赔偿货物损失、房屋修复费用、停止经营期间损失、停止经营期间租金损失、赔偿他人损失等各项损失60余万元。

【裁判结果】

审理法院认为，作为火灾事故调查和处理的职能机构，某县消防救援大队作出的火灾事故认定书认定，起火原因为某奶粉店立式空调线路故障引发起火。火灾事故认定书认定的起火原因可以证明某奶粉店内的空调存在质量缺陷，该缺陷与损害事实之间具有因果关系。某空调股份有限公司作为案涉空调的生产者，应当对某奶粉店因案涉火灾事故遭受的损失承担赔偿责任。法院根据某奶粉店的实际损失情况判决某空调股份有限公司赔偿40余万元。

【典型意义】

火灾是生产生活中常见的由产品质量缺陷引发的事故，对人民群众生命财产安全和生产经营秩序造成严重危害。近年来，因电动自行车、家用电器等产品存在质量缺陷引发的火灾事故屡见报端。关于生产者应对缺陷产品造成的损失承担赔偿责任的法律制度，旨在促使生产者加强产品质量监控和管理，保护质量安全。本案判决空调生产者对缺陷产品造成的损失承担赔偿责任，充分发挥了司法裁判在社会治理中的规范引导作用，对于警示违法生产经营行为、保护购买者合法权益、筑牢安全生产经营防线具有积极意义。

最高法发布人民法院服务和保障新质生产力发展典型案例

（2024年8月16日）

为完整准确全面把握好新质生产力的实质内涵，展示人民法院服务经济社会全面绿色转型取得的成效，进一步推动完善因地制宜发展新质生产力体制机制，8月16日，最高人民法院发布了五件人民法院服务和保障新质生产力发展典型案例。

案例一哈尔滨某客车制造有限公司与哈尔滨某投资控股有限公司租赁合同纠纷案，人民法院通过调解寻求双方利益最佳平衡点，充分考虑东北老工业基地汽车制造业发展实际，加强府院联动，协同实质化解纠纷，为传统汽车企业绿色低碳转型纾困解难，科学设定绿色转型的时间表、路线图，增强产业链韧性，促进培育东北全面振兴形成新的经济增长点。

案例二天津某传热设备有限公司与韩城市某热力有限公司能源管理合同纠纷案，涉及钢铁、清洁生产技术和清洁能源开发，人民法院依法高效审理、切实保障能源管理服务方享有节能效益分享合法权益，加大对生态环境科技、绿色低碳技术等创新成果的司法保护力度，大力推广合同能源管理，推进产融结合，推动构建绿色低碳循环发展的新质生产力，法治化营商环境水平持续提升。

案例三大余县某矿业有限公司等四家企业合并破产重整案，人民法院优化审判流程，拓展救治功能，助推矿山企业坚持走生态优先、绿色发展新路径，探索利用市场化方式推进矿山生态修复，确保矿山生态修复与绿色转型、科技创新相融合，规范有序开展，促进资源型地区因地制宜打造发展新引擎，大力发展锂电新能源产业，培育发展新动能，迈上新能源产业新赛道。

案例四某水务公司诉某市人民政府污水处理特许经营协议案，人民法院坚持问题导向，构建“大调解”工作格局，健全多元解纷机制破解难点问题，加大对环境污染第三方治理和以环境治理效果为导向的环境托管服务模式推广力度，着力推进项目重启、提质增效、加快发展，助力城市公用事业高质量发展，为打造节约集约、循环高效、普惠共享的生产服务新格局贡献司法智慧和力量。

案例五赖某某诉厦门某物业管理有限公司物业服务合同纠纷案，聚焦影响电动汽车发展的充电基础设施建设问题，准确界定物业服务的权利义务，破解制约电动汽车应用推广的难题，营造了有利于经济社会全面绿色转型的良好氛围。人民法院做实服务保障新质生产力发展大局，把增进人民福祉落实到司法裁判全过程，推动实现人与自然和谐共生的中国式现代化。

据了解，近年来，人民法院坚持完整准确全面贯彻新发展理念，加快构建新发展格局，坚定不移走生态优先、节约集约、绿色低碳高质量发展道路，在法治轨道上深化改革、推进中国式现代化，做深做实为大局服务、为人民司法，服务发展新质生产力，扎实推进高质量发展，依法积极稳妥审理相关案件，助力提升国家创新体系整体效能，积极促进产业高端化、智能化、绿色化，全面推进美丽中国建设，加快推进人与自然和谐共生的现代化。

人民法院服务和保障新质生产力发展典型案例

目　录

案例一　哈尔滨某客车制造公司诉某投资公司租赁合同纠纷案

【基本案情】

哈尔滨某客车制造公司系新能源客车和新能源专用车民营生产企

业，自 2014 年 1 月起，该公司租赁哈尔滨市经济技术开发区一处房屋及场地从事生产经营，租赁期限至 2024 年 1 月。因哈尔滨某客车制造公司未按约定支付租金，受委托经营该处资产的哈尔滨某控股公司在行使约定解除权后提起诉讼，请求确认双方签订的租赁合同已经解除，哈尔滨某客车制造公司立即迁出，并给付租金、房屋占有使用费及违约金等近 2000 万元，一审法院支持了某投资公司的全部诉请，哈尔滨某客车制造公司不服，提起上诉。

【裁判结果】

黑龙江省高级人民法院二审审理查明，租赁该场地之初，该空旷的厂房及办公楼、综合楼不适合客车生产环境，哈尔滨某客车制造公司进行了大面积改造修饰达到生产标准，同时投入巨额资金对案涉租赁场地进行了升级改造。该公司研发了多项新能源产品客车，投入大量研发经费，目前智能小巴、客车联盟、旅居房车项目正在进行。如果办理房屋迁出，属于异地迁址，将耗费大量的人力、物力和财力，需要近 2 年的时间，并且会影响企业正常生产，企业将面临特别公示（企业资质暂停）风险，严重影响企业的生存发展，不仅该企业前期投入将付诸东流，后期发展也将因企业绿色转型失败而面临危机，甚至可能导致黑龙江省新能源企业产业链缺失。为寻求最佳处理方案，二审法院合议庭多次组织双方当事人进行调解，了解双方具体诉求和合理预期，主动与政府及行政主管部门沟通，寻找最佳利益平衡点。最终，促成哈尔滨某客车制造公司与某投资公司达成调解协议，通过分期履行的方式支付租金等，并重新签订了租赁合同。现调解书已发生法律效力，首期租金已支付完毕。

【典型意义】

2023 年 9 月，习近平总书记在黑龙江考察调研期间首次提出发展新质生产力。本案所涉哈尔滨某客车制造公司系黑龙江本土汽车生产企业，该企业前身成立于20世纪50年代，在东北老工业基地具有悠久的历史，其生产的客车曾连续数年获相关主管部门客车质量检查评比奖励。在企业重组绿色转型后，先后研发了国内行业技术领先的新能源客车18款、新能源物流车9款，获批工信部大中型客车（改装类）、专用货车、其他挂车生产资质，以及新能源客车产品准入生产资质——纯电动大中型客车、自制自用底盘资质。黑龙江省人民政府将哈尔滨某客车制造公司等企业纳入做大新能源汽车整车产业规模范围，提出要加快新能源客车产业扩能提质，加快整车产品生产。

本案中，人民法院采取“走出去”与“请进来”相结合方式，积极推动府院联动，通过调解寻求双方利益最佳平衡点，促成多方协同实质化解纠纷，为民营企业纾困解难，为新能源汽车产业创新发展创造有利条件，促进培育东北全面振兴新的经济增长点，助推实现双赢多赢共赢。本案充分展现了人民法院依法推动新能源生产企业、汽车制造业产业结构绿色低碳转型，服务和保障东北全面振兴的决心和担当，是司法助推因地制宜新质生产力加快形成，增强发展新动能的生动实践。

案例二　天津某传热设备有限公司与韩城市某热力有限公司能源管理合同纠纷案

【基本案情】

某传热设备有限公司系国家高新技术企业，开发了利用钢厂生产过程中的炼钢冲渣水余热供暖的新技术，全国仅有少数几家公司拥有此项技术。某热力有限公司因经营需要，与某传热设备有限公司签订能源管理合同，约定由某传热设备有限公司向其安装钢铁冲渣水余热供暖的

“渣水换热器”等设备并提供相关技术服务，某热力有限公司于每个采暖季结束后按照合同约定向某传热设备有限公司支付一定的节能效益分享款。后某热力有限公司在使用涉案换热器过程中，发现该设备因漏水与堵塞造成换热效果降低，进而影响正常供暖，便不再向某传热设备有限公司支付节能效益分享款。双方产生争议诉至法院，在审理过程中，因该设备涉及环保节能新技术，人民法院针对本案涉及的核心设备渣水换热器及其运行流程启动鉴定并对勘验全程跟进，确定勘验方案及实验方法，并协同鉴定专家在勘验现场对换热器漏水原因进行了确定，促推了某传热设备有限公司升级改进现有技术方案，同时在判决金额中充分考量了上述技术创新因素。

【裁判结果】

天津市第一中级人民法院认为，双方均认可某传热设备有限公司提供的涉案能源管理服务是利用钢厂生产过程中产生的热量为居民提供供暖，全国包括某传热设备有限公司在内仅有少数几家公司才能提供此项技术。该技术具有一定的环保效益以及创新性。经鉴定，渣水换热器不热的原因主要在于设计，运行过程中存在漏水堵塞情况，影响了整体供热效率。该技术方案是量身定制，本身具有一定的探索性和实践性。科技型公司需要在技术创新、实践改造、发现问题、解决问题的过程中不断成长，在该能源管理合同履行过程中，应对某传热设备有限公司的技术创新实际效果予以一定的容忍度。且某传热设备有限公司后期维修便利性方面存在欠妥之处，并非故意提供质量不合格的产品，在诉讼期间某传热设备有限公司亦积极寻找故障原因。在充分考量上述因素下，判令某热力有限公司依约支付某传热设备有限公司欠付节能效益分享款及逾期付款利息，同时判令某传热设备有限公司给付某热力有限公司一定经济损失，并由某热力有限公司拆除渣水换热器进行升级改造。一审判决后，双方当事人均服判未上诉。

【典型意义】

钢铁行业生产过程中会产生大量的废气余热，将钢铁冲渣水余热等废水废气充分利用变废为宝，不仅能为企业节能降耗创造效益，而且还能满足城市供暖需要，也有利于改变城市热源单一、环境污染等问题。本案中，某传热设备有限公司开发了利用炼钢冲渣水余热供暖技术，通过技术创新、降碳减污实现了节能环保、产业提升。全国包括某传热设备有限公司在内仅有为数不多的几家企业能提供此项技术。人民法院在审理涉及钢铁、清洁生产技术和清洁能源开发纠纷案件中，聚焦发展新质生产力，充分考虑涉案技术方案具有一定的探索性和实践性，依法保障技术服务方享有节能效益分享合法权益，加大对生态环境科技、绿色低碳技术等创新成果的司法保护力度，大力推广合同能源管理，促进成果转化运用，推进产融结合，推动构建绿色低碳循环发展的新质生产力。

案例三　大余县某矿业公司等四家企业合并破产重整案

【基本案情】

2003 年，大余县某矿业公司通过公开竞拍取得大余洪水寨矿区钨矿经营权。该矿于 1918 年投入开采，具有近百年开采史，长期以来由于乱挖滥采导致水土流失严重，粗放炼矿致使矿区生态环境遭受严重破坏。从 2017 年起，大余县某矿业公司及其关联公司因管理混乱、资金链断裂等原因濒于破产。2022 年 12 月，大余县人民法院裁定对大余县某矿业公司等四家公司进行合并破产重整。案件受理后，在大余县人民政府积极推动下，聚焦环保治理问题症结，成立由大余县人民法院，生态环境、自然资源行政主管部门等组成的工作推进领导小组，解决了环保销号、采矿权续期等系列问题。在碳酸锂价格高位时，招募到了重整投资人，企业重整成功，为大余县某矿业公司实现新旧动能转换打下坚实基础。

【裁判结果】

江西省大余县人民法院认为，管理人提交的合并重整计划草案获得了各表决组的通过，第二次债权人会议对合并重整计划草案的表决程序符合法律规定，根据企业破产法的相关规定，矿业公司等四家企业合并重整计划即为通过，且合并重整计划内容合法，具有可行性。遂裁定：批准矿业公司等四家企业合并重整计划；终止矿业公司等四家企业合并重整程序。

【典型意义】

江西大余素有“世界钨都”之称。受历史开采工艺的限制，多年来的钨矿开采造成尾矿废渣无序堆放、山体裸露、水土流失。大余县某矿业公司采矿作业造成大面积生态破坏，矿山生态修复推进不力。人民法院优化审判流程，拓展救治功能，助推矿山企业坚持生态优先，绿色发展新路径，探索利用市场化方式推进矿山生态修复，确保矿山生态修复与绿色转型相融合，实现生态安全、债权人权益保护的有机统一。矿区生态环境得到有效修复，矿山生态修复治理及环保整改工程已通过行政主管部门验收并销号，矿山复产亦在有序推进。本案中，人民法院推动企业抢抓绿色转型市场契机，助力资源型地区因地制宜打造发展新引擎，大力发展锂电新能源产业，培育发展新动能，法治化营商环境水平持续提升，迈上新能源产业新赛道。

案例四　某水务公司诉某市人民政府污水处理特许经营协议案

【基本案情】

2014年7月，北京某环保科技公司与某市人民政府签订《某镇毛皮加工专业园区污水处理厂BOT项目》。2014年12月19日，北京某环保科技公司依约成立项目公司，即某水务公司，该公司承继北京某环保科技公司在特许经营协议项下的权利和义务。2017年11月，某水务公司的污水处理项目完成建设，建设规模3万立方米/天，同月开始进水调试。后经历设备升级改造等，截至2023年8月31日，双方就前期污水处理费的核算支付及后续合作均存在较大分歧，某水务公司以某市人民政府为被告提起行政诉讼，该公司起诉前已处于停业状态。

【调解结果】

本案在审理过程中，经郑州铁路运输中级法院主持调解，双方当事人自愿达成调解协议：某市人民政府先行支付某水务公司污水处理费800万元，分三批支付；某水务公司收款后用于案涉项目运营并及时将款项使用情况向某市人民政府报备。

【典型意义】

河南孟州市位于黄河沿岸，素有“毛皮之都”之称，毛皮加工历史悠久。在毛皮加工过程中，产生大量污水，当地生态环境、绿色发展面临巨大考验。案涉污水处理项目能否重启运营，关系政府生活污水治理民生项目能否落地、身处逆境的危困企业能否重生。面对某水务公司办理重启经营相关手续受阻、环保验收即将临期等实际困难，人民法院坚持问题导向，构建“大调解”工作格局，健全多元解纷机制破解难点问题，切实加大对环境污染第三方治理和以环境治理效果为导向的环境托管服务模式推广力度，力促双方成功达成调解协议，一揽子解决了污水处理工程量结算、提标改造及后续污水处理、提质增效合作运营等问题，推进项目重启加快发展运营，助力城市公用事业高质量发展。同时，人民法院发送司法建议，促推当地政府将毛皮加工产业转型升级、绿色发展纳入重点工作项目清单，为打造节约集约、循环高效、普惠共享的生产服务新格局贡献司法智慧和力量。

案例五　赖某某诉厦门某物业管理公司物业服务合同纠纷案

【基本案情】

2021年12月，赖某某因订购了新能源汽车，欲在其所有的三明市某新村负一层车位安装充电桩，故向小区物业公司厦门某物业管理公司三明服务部要求出具同意其安装充电桩的相关证明。厦门某物业管理公司三明服务部以在小区无法满足所有电动车充电桩电表安装，对先申请的业主出具同意书存在不公，加之在地下室安装充电桩不符合消防安全要求等为由拒绝出具相关证明。赖某某遂诉请判令厦门某物业管理公司三明服务部出具同意其安装充电桩的相关证明。

【裁判结果】

福建省三明市三元区人民法院一审认为，业主依法对其建筑物专有部分享有占有、使用、收益和处分的权利。安装充电桩时因布电线等需要使用共有部分，并非须经业主大会讨论通过事项，属于建筑物区分所有权人为提升专有部分使用价值，对共有部分的合理使用，物业服务企业无正当理由不得拒绝配合、加以阻挠，不予出具同意安装充电桩的证明材料。至于自用桩是否符合安装条件、具体应如何安装应根据用电及施工可行性勘察确定，供电企业会同用户或其委托的电动汽车企业、小区物业共同到现场进行用电及施工可行性勘察。物业公司出具同意安装充电桩证明不等于其放弃相应物业管理，车位实际安装、使用新能源汽车充电桩过程中出现侵权等不当行为时，物业公司仍可及时行使物业管理权力制止、纠正，预防及避免损害发生。故判决厦门某物业管理公司三明服务部应向赖某出具同意其安装新能源汽车充电桩的证明。宣判后，各方均未上诉。

【典型意义】

电动汽车和锂电池、光伏产品作为我国对外贸易“新三样”，代表先进生产力，不仅丰富了全球商品供给，也为积极应对气候变化作出重大贡献，成为中国新质生产力引领世界经济绿色转型的成功典范。人民法院做实服务保障新质生产力发展大局，坚持遵循诚信原则，积极回应人民群众关切的居民区安装充电桩所引发的物业服务义务范围、用电设施准入与消防安全保障等热点问题，将在小区充电设施建设时予以配合、提供出具同意安装充电桩的证明材料等便利纳入物业服务的义务范围，依法保障业主的权益，同时明确物业服务企业应当采取合理措施，协助安装、管理、维护充电基础设施，保护业主的人身及财产安全，消除安全隐患，预防损害的发生，营造了有利于经济社会绿色低碳转型的良好氛围，把在助推新质生产力发展过程中增进人民福祉落实到司法裁判全过程，是推动实现人与自然和谐共生的中国式现代化的司法范例。

法答网精选答问

法答网精选答问（第八批）（节录）

问题1：图书数据库著作权侵权案件中，同一作品在总库的传播行为已经由在先案件处理，之后原告就该作品在数据库镜像站的传播行为再次提起诉讼，是否属于重复诉讼？判赔标准如何确定？

答疑意见：《最高人民法院关于适用〈中华人民共和国民事诉讼法〉的解释》第二百四十七条规定："当事人就已经提起诉讼的事项在诉讼过程中或者裁判生效后再次起诉，同时符合下列条件的，构成重复起诉：（一）后诉与前诉的当事人相同；（二）后诉与前诉的诉讼标的相同；（三）后诉与前诉的诉讼请求相同，或者后诉的诉讼请求实质上否定前诉裁判结果。当事人重复起诉的，裁定不予受理；已经受理的，裁定驳回起诉，但法律、司法解释另有规定的除外。"依据上述规定，关于涉信息网络传播权的重复诉讼问题，司法实践中应区分具体情况，审查侵权人实施了几个侵权行为。如果侵权人未经许可将作品置于信息网络之中，只是同时开通了不同的端口，这时有必要在一个诉讼中对整体的损害赔偿统筹考虑；对于当事人针对不同的端口或数据库（如数据库总库、数据库镜像站）分别起诉的情形，人民法院应当加强释明工作，引导当事人通过一个诉讼解决，以减轻其诉累。如果侵权人最初只开通一个端口，人民法院判决停止侵害后，侵权人又开通一个新端口，那么前后两个行为属于不同的侵权行为，后提起的诉讼并不属于重复诉讼。

关于判赔标准问题。《最高人民法院关于依法加大知识产权侵权行为惩治力度的意见》第7条规定："人民法院应当充分运用举证妨碍、调查取证、证据保全、专业评估、经济分析等制度和方法，引导当事人积极、全面、正确、诚实举证，提高损害赔偿数额计算的科学性和合理性，充分弥补权利人损失。"在司法实践中，人民法院应当准确适用著作权法第五十四条等规定，按照权利人的实际损失或者侵权人的违法所得计算，在实际损失或者违法所得难以计算的情形下，参照权利使用费等标准计算赔偿数额。在穷尽相关手段和办法后仍不能查明并计算的，才可以适用法定赔偿，考虑作品类型、侵权行为性质、损害后果等情节综合确定具体数额。遇到同一权利人提起系列案件的，要统筹权利救济与合理维权的关系，既要注意判赔的尺度大致保持平衡，也要注意不同案件之间的差异，并遵循"总量控制"原则，防止赔偿总额高于权利人因侵权遭受的实际损失。

咨询人：刘雅静/湖南省高级人民法院民三庭

答疑专家：白雅丽/最高人民法院民三庭

问题2：环境民事公益诉讼中应当由败诉被告承担的鉴定费用，可否从其他环境民事公益诉讼案件获赔的生态环境修复费用中垫付？

答疑意见：依照《诉讼费用交纳办法》的相关规定，环境民事公益诉讼中产生的鉴定费用属于诉讼费用的范畴，被告败诉的，应当承担相应的鉴定费用。有关费用垫付的问题，虽然《最高人民法院关于审理环境民事公益诉讼案件适用法律若干问题的解释》第二十四条规定："人民法院判决被告承担的生态环境修复费用、生态环境受到损害至修复完成期间服务功能丧失导致的损失、生态环境功能永久性损害造成的损失等款项，应当用于修复被损害的生态环境。其他环境民事公益诉讼中败诉原告所需承担的调查取证、专家咨询、检验、鉴定等必要费用，可以酌情从上述款项中支付。”但是这一规定仅是明确了败诉原告所需承担的检验、鉴定等必要费用，可以酌情从其他环境民事公益诉讼中获赔的款项中支付。此主要考虑的是，原告提起公益诉讼的目的是维护相应的社会公共利益，行为具有公益性，即使在其败诉的情形下，酌情从其他案件剩余的修复费用或者损失赔偿金中支付败诉原告应当负担的费用，如此规定也有利于鼓励和支持原告依法提起环境民事公益诉讼。显然，这一规范目的并不能适用于污染环境、破坏生态的败诉被告。因此，从其他环境民事公益诉讼案件中获赔的生态环境修复费用中垫付本案败诉被告应当承担的鉴定费用缺乏法律依据，且与《诉讼费用交纳办法》的规定做法不符。

咨询人： 刘琼/甘肃矿区人民法院综合审判第二庭

答疑专家： 刘慧慧/最高人民法院环资庭

问题 5：轻微违约的情形下当事人是否有权行使约定解除权？

答疑意见： 关于当事人行使约定解除权是否应当受到一定的限制，特别是在轻微违约情形下当事人是否有权行使约定解除权的问题，理论和实践中有不同观点。对此，我们倾向认为，应当在首先尊重意思自治的前提下，兼顾合同正义的要求，通过体系化适用民法典第五百六十二条第二款和第一百三十二条的规定进行处理。其中，对于违约行为显著轻微的，支持行使约定解除权会造成双方权利义务显著失衡，特别是行使解除权构成权利滥用的，就有必要限制。对此，《全国法院民商事审判工作会议纪要》第 47 条规定：“合同约定的解除条件成就时，守约方以此为由请求解除合同的，人民法院应当审查违约方的违约程度是否显著轻微，是否影响守约方合同目的的实现，根据诚实信用原则，确定合同应否解除。违约方的违约程度显著轻微，不影响守约方合同目的的实现，守约方请求解除合同的，人民法院不予支持；反之，则依法予以支持。”

在审判实践中，对违约行为是否显著轻微，要从严把握，避免对意思自治原则造成过大冲击。具体可以运用动态系统论的方法，综合考量以下因素来确定：一是违约方的过错程度。虽然民法典坚持严格责任原则，在认定是否违约时不考虑过错，但这并不代表过错在合同法中没有任何意义。如果违约方只有轻微过失，甚至没有过失，一般不宜支持解除合同的主张。二是违约行为形态。合同义务根据性质可分为主合同义务、从合同义务和附随义务。对于违反从合同义务尤其是附随义务的行为，要慎重决定是否支持守约方解除合同的主张。三是违约行为的后果。在轻微迟延履行、继续性合同的履行过程中出现偶然违约等情形下，违约程度显著轻微，即便违约也不影响守约方合同目的的实现，而若支持解除权的行使，则可能会导致轻微违约方前期大量投入难以挽回，从而造成利益严重失衡。四是能否通过其他措施进行救济。解除合同并非违约情形下唯一的救济手段，也不是当然的救济手段。显著轻微违约并不能免除违约方的违约责任，如果守约方的损失可采取其他违约责任承担方式（通常是损害赔偿）予以救济，且此种方式比直接解除合同更有利于实现公平的，则可以考虑对守约方的解除权予以限制。

咨询人：李鲲/北京市高级人民法院研究室

答疑专家：陆昱/最高人民法院研究室民事处

法答网精选答问（第九批）

问题 1：应否承认“逆向公司人格否认”制度，由公司对股东的债务承担连带责任？

答疑意见：公司人格独立和股东有限责任是公司法的基本原则。为防止股东滥用公司法基本原则损害公司债权人利益，公司法第二十三条规定了法人人格否认制度，明确了滥用公司法人独立地位和股东有限责任的股东对公司债务承担连带责任。从这一条款的规定看，主要是针对滥用法人人格、股东对公司债务承担责任，即所谓的“正向人格否认”。在实践中，有观点提出，在构成法人人格否认情形下，为保护股东债权人利益，应承认“逆向公司人格否认”，由公司对股东的债务承担连带责任。

我们认为，否认公司独立人格，由滥用公司法人独立地位和股东有限责任的股东对公司债务承担连带责任，是股东有限责任的例外情形，以矫正有限责任制度在特定法律事实发生时对债权人保护失衡的现象。在审判实践中，要准确把握公司法第二十三条规定的精神，按照《全国法院民商事审判工作会议纪要》（以下简称《九民会议纪要》）的要求，根据查明的案件事实进行综合判断，既要审慎适用，又要当用则用。公司与股东不能清偿其自身债务的，原则上均应以各自财产独立承担责任。对于股东自身债务，债权人除可执行其货币等财产外，也可以通过执行股东持有的公司股权实现债权。在股东与公司交易关系清晰、财产可以区分的情形下，若股东存在向公司无偿转让财产或怠于行使对公司的债权等行为导致债权人债权难以实现，债权人也可以通过民法典规定的撤销权、代位权等制度寻求救济。因此，一般情况下没有“逆向否认法人人格”的必要。

但是，在出现人格混同的情况下，由于股东财产与公司财产边界不清、无法区分，此时的人格否认将产生母子公司对债务互负连带责任的情况。比如，实质合并破产程序中以母子公司的财产统一向所有债权人承担责任，由此可能会在形式上产生以子公司财产为母公司债务承担责任的效果，可以认为属于“逆向否认法人人格”的情况。因此，所谓“逆向法人人格否认”应仅限于法人人格混同这一特定情形。

咨询人：刘燕/北京市高级人民法院民二庭

答疑专家：梅芳/最高人民法院民二庭

问题2：“对赌协议”中股权回购权性质及其行权期限如何认定？

答疑意见：“对赌协议”中经常约定股权回购条款，如约定目标公司在××××年××月××日前未上市或年净利润未达到××万元时，投资方有权要求股东或实际控制人按照××价格回购投资方持有的股权。在审判实践中，对上述股权回购权性质和行权期限，存在较大争议。有观点认为投资方请求回购股权系债权请求权，适用诉讼时效制度。也有观点认为投资方请求回购股权系形成权，受合理期间限制。

我们认为，该问题的实质是如何认识投资方请求大股东或实际控制人回购股权的权利性质。就股权估值调整协议中投资方有权请求大股东或实际控制人回购股权的约定，根据民法典第一百四十二条第一款规定确立的合同解释规则，对该约定除按照协议所使用的词句理解外，还要结合相关条款、行为的性质和目的、习惯以及诚信原则来理解。从双方约定的目的看，实际上是在符合（未上市或利润未达标）条件时投资方既可以请求对方回购进而自己“脱手”股权，也可以不请求对方回购而继续持有股权。因投资方行使此种权利有自主选择的空间，以合理期限加以限定，较为符合当事人的商业预期。具体而言：（1）如果当事人双方约定了投资方请求对方回购的期间，比如，约定投资方可以在确定未上市之日起 3 个月内决定是否回购，从尊重当事人自由意志的角度考虑，应当对该约定予以认可。投资人超过该 3 个月期间请求对方回购的，可视为放弃回购的权利或选择了继续持有股权，人民法院对其回购请求不予支持。投资方在该 3 个月内请求对方回购的，应当从请求之次日计算诉讼时效。（2）如果当事人双方没有约定投资方请求对方回购的期间，那么应在合理期间内行使权利，为稳定公司经营的商业预期，审判工作中对合理期间的认定以不超过 6 个月为宜。诉讼时效从 6 个月之内、提出请求之次日起算。

咨询人：孟高飞/上海市高级人民法院商事审判庭（破产审判庭）

答疑专家：杜军/最高人民法院民一庭

问题 3：股权转让时，受让股东明知转让股东存在抽逃出资行为，双方根据公司实际资本确定股权转让对价后，受让股东以公司名义请求转让股东返还抽逃资本的，如何认定？

答疑意见：标的公司实缴出资后，作为受让方的新股东明知作为转让方的老股东抽逃出资，而与老股东协商按照抽逃出资后标的公司实际资本确定股权转让对价的，可以推定新老股东达成了老股东不再负有返还抽逃出资责任、由新股东承担该责任的约定。公司起诉老股东返还抽逃出资的，如果机械地按照公司可以向抽逃出资的股东追缴出资的法律规定，直接判决老股东向公司返还抽逃出资本息，那么老股东返还之后必然起诉请求新股东向其返还，处理结果仍是新股东承担了补足所抽逃出资的责任。也就是说，在新老股东之间的内部责任划分上，最终责任应该由新股东承担。

新股东持有标的公司 100%股权的情形下，标的公司完全由新股东控制，公司利益与新股东利益完全一致，标的公司应无意愿要求新股东支付该款项。此时要通盘考虑公司债权人的利益，应向公司释明履行减资程序，引导当事人通过正规减资程序，减少已经抽逃的注册资本。减资后，新老股东均无须另行支付款项，符合各自预期。减资保护了公司债权人利益，同时彻底解决了抽逃出资的隐患。减资最终符合各方利益。如果减资不成功，往往涉及公司债权人利益保护，此时便不是新老股东之间的内部法律关系，而是涉及公司与债权人之间的外部法律关系，新老股东应该对公司承担补足出资的连带责任，且因新老股东实质系达成了抽逃出资的责任转由新股东承担的约定，则老股东承担责任后，可以向新股东追偿。

咨询人：周纹婷/黑龙江省高级人民法院民二庭

答疑专家：潘勇锋/最高人民法院民二庭

问题4：新三板挂牌公司股权代持协议效力及如何处理？

答疑意见：公司法第一百四十条规定："上市公司应当依法披露股东、实际控制人的信息，相关信息应当真实、准确、完整。禁止违反法律、行政法规的规定代持上市公司股票。"上述规定的主要理由是：一是代持上市公司股票涉嫌违反证券账户实名制要求。我国股票市场实行直接持有制度，证券法从开立、使用两个环节规定了证券账户实名制。第一百零六条、第一百零七条规定，投资者应当实名开立账户，并使用实名开立的账户进行交易；第五十八条规定，任何单位和个人不得违反规定，出借自己的证券账户或者借用他人的证券账户从事证券交易。代持上市公司股票，必然涉及出借、借用证券账户，涉嫌违反证券法关于账户实名制的规定。二是基于防范"影子股东"和资本无序扩张的考虑。近年来，在反腐败斗争和全面加强监管的高压态势下，金融腐败、资本无序扩张的方式更加隐蔽，权钱交易、政商勾结呈现出新形态。一些腐败分子通过股份代持成为"影子股东"，借助发行上市等实现非法利益输送和放大；一些企业通过股份代持、多层嵌套等手段形成复杂股权结构，实施规避监管和监管套利，严重破坏金融监管秩序，甚至危害国家政治安全、经济安全、金融安全，亟须加以规范。三是违法代持上市公司股票损害资本市场管理秩序。信息披露真实、准确、完整是资本市场的基本原则。如允许代持上市公司股票，将使得监管机构无法得知股份的实际所有人，容易导致有关上市公司信息披露、控股股东和实际控制人认定、股份减持、关联交易等一系列制度的规制目的落空，损害资本市场秩序和公众投资者的合法权益。因此，关于违法代持上市公司股票合同的效力，公司法虽然未作明确规定，但考虑到公司法第一百四十条采用了“禁止”这一比较严厉的表述，理解上应属于效力性强制性规定，可以依据民法典第一百五十三条的规定，认定代持合同无效。关于新三板挂牌公司股权代持合同的效力，鉴于现行证券法及资本市场相关制度规则对于非上市公众公司信息披露真实准确完整的原则、股权清晰及证券账户实名制等方面的要求与上市公司总体是一致的，逻辑上应当与上市公司一致，禁止违法代持非新三板挂牌公司股权，在法律适用层面，可将违反相关监管规定认定为属于违反公序良俗的范畴，并由此认定代持合同无效。

关于股权代持合同无效后的处理，情况比较复杂。考虑到法律禁止上市公司股票代持行为的法律目的、民事审判与行政处罚的衔接等因素，我们认为应坚持如下原则：第一，对于被代持方具备持有该公司股权资格的，人民法院可以根据当事人申请判令代持方向被代持方交付该股权并办理过户手续。第二，如果被代持方不具备持有该上市公司股权资格的，可将代持股权变价，变价款项归属被代持方，并根据案情公平处理代持双方报酬争议。第三，对于被代持方不具备持有该公司股权资格情形，人民法院还应将违法代持事实通过司法建议或其他方式告知行相关行政管理部门，建议根据违法情节轻重给予相应行政处罚，以追究其行政责任，并解决违法代持产生的违法所得问题。

咨询人：孟高飞/上海市高级人民法院商事审判庭（破产审判庭）

答疑专家：张小洁/最高人民法院民二庭

问题 5：债权人以出资加速到期为由提起诉讼的，能否请求未履行出资义务股东直接清偿？

答疑意见：对于股东出资责任的实现方式，新旧公司法均未明确股东可以向债权人直接清偿。公司法司法解释根据合同法及其司法解释关于债权人代位权的规定，规定股东可以向债权人直接清偿。民法典第五百三十七条就债权人代位权规定了“由债务人的相对人向债权人履行债务”，明确放弃“入库规则”。股东对公司的出资责任，属于对公司应承担的侵权之债，在公司未行使其债权时，公司债权人代位行使权利，与民法典关于代位权的规定相一致。尽管民法典相对于公司法属于一般规定，公司法如有特别规定应优先适用公司法。但公司法对此未规定或规定不明确，应依据民法典规定，这也符合立法法规定及民法适用方法的基本原理。

在认缴出资加速到期情况下，是否因具特殊性而应区别对待？第一，出资加速到期本质上还是公司所享有的“债务人丧失期限利益的债权”，这与到期债权无实质区别。第二，尽管加速到期情况下公司基本已濒临破产，甚至已具备破产条件，直接清偿有对其他债权人不公之嫌。但股东出资责任加速到期无非是股东对债权人承担出资不足补充赔偿责任的一种特殊情形，即便是出资缴纳期限已届至，进行直接清偿也同样面临着上述问题，故无实质理由加以区别。第三，就公司个别债权人利益和整体债权人利益的平衡方面，在公司未进入破产程序的情况下，向个别债权人清偿，并不妨碍其他债权人申请公司破产，也不妨碍公司自身申请破产。一旦申请破产，未届出资缴纳期限的股东即应将其出资归入债务人财产，实现所有债权人公平清偿。第四，如果不允许直接清偿，债权人考虑到在诉讼中付出诉讼费、保全费、律师费等成本，便无动力提起诉讼要求股东承担出资责任，导致公司法赋予债权人的请求“股东提前缴纳出资”诉权弱化或虚化。第五，如果按归入公司思路，债权人在请求股东向公司履行出资义务的同时，请求对该公司债权诉讼保全，在执行中同样可以达到直接清偿之效果，无非让债权人更费周折而已。面临这种情况，其他债权人还是要靠执行分配或申请破产来维护自己的权益，与归入公司的情况下所能采取的救济手段也并无二致。

需要说明的是，从法律适用而言，由于 2023 年修正的公司法对该问题无明确规定，目前仍应按《九民会议纪要》精神判令股东向债权人直接清偿。2023 年修正的公司法发布后，对股东出资加速到期情况下债权人是否能够直接受偿存在截然相反的两种观点，在 2023 年修正的公司法司法解释起草过程中将广泛征求各方面的意见，特别需要征求立法部门意见，以确保司法解释与立法精神保持高度一致。2023 年修正的公司法司法解释制定后，此类案件应根据 2023 年修正的公司法司法解释办理。

咨询人：陈振杰/河北省高级人民法院民二庭

答疑专家：丁俊峰/最高人民法院民二庭

新类型疑难案例选评

台州黄某物业管理有限公司与王某如物业服务合同纠纷案

柯澄川　陈旻茜*

【裁判要旨】

当业主委员会未依照法定程序召开业主大会或获取有效决议，擅自与物业服务企业签订物业服务合同时，若物业服务企业亦未尽到审查业主委员会是否具备合法授权的义务，则该合同应依法被认定为无效。然而，鉴于物业服务企业事实上已提供物业服务，遵循公平原则，业主仍需向物业服务企业支付合理的服务费用。在确定合理的服务费用时，应当考虑市场公允价格、行业惯例等因素，确保费用标准既反映物业服务的实际价值，又体现出对业主群体公平对待的原则。同时，法院通过案件审理中所观察到物业行业存在的经营风险等，提出司法建议，有助于推动物业纠纷的源头治理，促进行业健康发展。

【案例索引】

一审：浙江省台州市黄岩区人民法院（2023）浙1003民初2482号

* 作者单位：浙江省台州市黄岩区人民法院。

（2023年9月5日）

二审：浙江省台州市中级人民法院（2023）浙10民终2760号（2023年11月30日）

【基本案情】

原告：台州黄某物业管理有限公司（以下简称黄某物业公司）；

被告：王某如。

王某如系某小区的商铺业主，因王某如未缴纳物业管理费，黄某物业公司提起诉讼，要求王某如支付相应服务期间的物业管理费。

法院经审理查明：某小区业主委员会与黄某物业公司于2021年9月1日签订物业服务合同，但某小区并未召开过业主大会或以其他合法形式形成决议决定选聘物业服务企业的事宜，仅小区业主委员会于2021年7月16日发放《某小区调整物业费的通知》，载明“餐饮业商铺收2.5元/平方米、非餐饮业商铺收2元/平方米，住户业主收1元/平方米，高层跃层收1.5元/平方米”，并由业主委员会派员入户书面征求大部分业主意见且签名表示同意，但未提及选聘物业服务企业的相关情况。同时，黄某物业公司也未能提交证据证明，其在签订物业服务合同过程中曾要求业主委员会出具业主大会选聘黄某物业公司的决议或其他合法形式决议等材料。

【审判结果】

浙江省台州市黄岩区人民法院经审理认为：

首先，关于物业服务合同效力问题。第一，只有业主委员会与依法选聘的物业服务企业订立的物业服务合同，才对业主具有法律约束力。在本案中，业主委员会与未经法定程序选聘的物业服务企业签订物业服务合同，显然违反了相关法律规定，对被告王某如不具有法律约束力。第二，超越权限订立的合同构成表见代表，发生法律效力以交易相对人系善意为前提。相关法律及行政法规、地方性法规中均规定，选聘和解聘物业服务企业或者其他管理人由业主共同决定，且明确规定了相应的法定程序。原告黄某物业公司未能提出证据证明，其在签订物业服务合同时曾要求业主委员会出具业主大会选聘黄某物业公司的决议或其他形式的材料；其在签约时，未履行基本的注意义务和进行形式审查，故无法认定其为善意相对人。第三，在实践中，未经业主大会依法选聘，业主委员会擅自与物业服务企业签订物业服务合同的情况屡见不鲜，引发大量纠纷。对此类“顽疾”问题，不能“将错就错”，司法裁判应旗帜鲜明地持否定态度，方能固本清源，预防并减少类似纠纷，让物业服务行业有序发展。

其次，关于被告王某如是否需向原告黄某物业公司支付合理的物业服务费的问题。第一，民事法律行为无效、被撤销或者确定不发生效力后，行为人因该行为取得的财产，应当予以返还；不能返还或者没有必要返还的，应当折价补偿。本案中，物业服务合同被认定无效，但原告黄某物业公司为某小区提供了事实的综合物业服务，而物业服务利益无法进行实物返还，故业主应对物业服务企业提供的事实物业服务支付相应物业费。第二，司法应维护被告王某如不受未按法定程序授权而签订的物业服务合同约束的个人实质公平，但同时，需兼顾某小区业主的群体性公平。被告王某如抗辩原告黄某物业公司提供的物业服务质量差、服务不到位，但黄某物业公司提供的物业服务具有综合性和公共性的特点，如支持部分业主以对物业服务瑕疵为由拒交物业服务费或否定物业服务合同效力后不支付事实物业服务费用，会造成物业服务企业的运营保障经费不足和服务积极性下降，最后会损害业主自身甚至全体业主的整体利益及长远利益。第三，物业服务合同被认定无效后，应根据市场行情酌情确定被告应当支付物业服务费的标准。鉴于某小区绝大多数住宅业主已按每月每平方米 1 元支付物业服务费的事实，兼顾公平原则，法院酌情确定本案被告支付物业服务费标准为每月每平方米 1.3 元。

综上所述，浙江省台州市黄岩区人民法院作出判决如下：（1）被告王某如在本判决生效之日起10日内向原告黄某物业公司支付自2021年9月1日起至2022年8月31日期间的物业服务费2092.90元。（2）驳回原告黄某物业公司其他诉讼请求。

一审判决作出后被告王某如不服，向浙江省台州市中级人民法院提起上诉。

二审判决认为：本案的争议焦点是一审确定的某小区商铺应当向被上诉人黄某物业公司支付的物业费的收费标准是否恰当。上诉人王某如主张应当按照每月每平方米0.5元标准支付物业费，并提供了2007年的入住公约及周边一小区的通告，但该标准显然不属于目前物业管理服务市场普遍接受的服务标准。根据目前物业行业普遍商铺物业费标准高于住宅物业费标准的现状，且某小区绝大多数住宅业主已按每月每平方米1元缴付物业服务费，再结合其他小区的物业服务费标准，一审法院酌情确定的收费标准并无不当。

综上所述，浙江省台州市中级人民法院作出判决如下：驳回上诉，维持原判。

［评析］

业主委员会未经授权订立物业服务合同的效力及纠纷处理

一、实践分歧：对业主委员会擅自签订物业服务合同效力认定不一

在实践中，未经业主大会依法授权或虽已召开业主大会却未获得相应比例的业主表决通过，业主委员会擅自与物业服务企业缔结物业服务合同的现象屡见不鲜，这往往成为业主与物业服务企业之间产生纠纷的导火索。关于此类物业服务合同的法律效力，司法实务中主要存在以下

三种截然不同的见解。

第一种见解主张合同合法有效，对业主构成法律上的约束力。[①] 作为业主大会依法选举产生的代表机构，业主委员会对外行为代表业主整体利益，其决策对业主具有约束力。据此，业主委员会与物业服务企业签订的物业服务合同，若未违反法律法规的强制性条款，则被视为合法有效。至于业主委员会是否事先获得业主大会的明确授权，这属于业主委员会与业主之间的内部治理问题，不影响其对外合同行为的法律效力。若业主认为业主委员会的决策侵犯了其合法权益，可通过司法途径请求撤销该决策，但在撤销决定生效前，该决策对业主仍具约束力。

第二种见解则认为合同效力待定，未经业主大会的后续追认，不对业主产生法律上的约束力。依据民法典及《物业管理条例》的相关规定，选聘及解聘物业服务企业乃业主共同决定之事项。业主委员会擅自签订、修改或解除物业服务合同，若未获业主大会的追认，则该行为对全体业主不具法律效力。业主大会可通过明示的投票表决或业主以默示方式（如实际履行合同义务）进行追认，方能使合同对业主产生约束力。

第三种见解的核心主张为合同无效。这一立场的逻辑基础在于我国民法典及《物业管理条例》的明确规定，物业服务企业的选聘与解聘，须由业主共同决定，此乃法定程序。换言之，唯有遵循业主大会的合法流程或业主大会议事规则，方能确定物业服务企业的聘任，并据此签订服务合同，而合同的有效性根植于当事人的真实意愿表达及法律的认可，因此，在物业服务合同的订立过程中，若缺失了业主大会的合法授权与同意，则合同便丧失了必要的法律支撑与合法性。

① 参见周雁武、谈俊：《业委会擅自签订物业服务合同的效力与权利救济》，载《住宅与房地产》2020 年第 25 期。

二、多维勘正：未经业主大会依法选聘的物业服务企业签订的物业服务合同的效力审视

（一）基于物业服务合同团体属性的维度视角

随着我国房地产与物业服务行业的蓬勃发展，为应对现实需求，民法典在总结立法与司法实践经验的基础上，将物业服务合同纳入典型合同范畴，明确了其内涵、权利与义务等内容。根据民法典的精神，物业服务合同的主体实质上是全体业主，尽管实际签约方可能是业主委员会或建设单位，但合同的权利义务最终由全体业主共同承担与享有。这一制度安排突破了传统合同相对性与私法自治的界限，赋予物业服务合同团体合同的属性，旨在平衡作为弱势方的个体业主与强势方的物业服务企业之间的不对等地位，促进缔约过程中的实质平等。物业服务合同的团体属性更体现在多个方面：其缔约主体具有团体性，以业主大会作为自治管理团体，通过“多数决”原则实现团体自治；业主委员会则作为该团体的代表与执行机关。此外，物业服务合同也展现出团体法的诸多特征，如“多数决”原则的适用、法律适用上的群体性规则等。在区分团体内部关系与外部关系的原则下，团体对外实施民事法律行为通常需要以有效的团体决议为基础，但该决议的瑕疵一般不应影响对外行为的效力，除非相对人明知其无效或不存在。

有鉴于此，对于未经业主大会选聘的物业服务企业订立的物业服务合同，其效力审查及判断不应简单地适用民法典关于合同效力的一般规定；而应从团体法的视角出发进行分析，[①] 参考民法典第八十五条、第五百零四条关于法人内部决议与外部代表行为效力的规定及越权订立合同效力的规定，即若相对人为善意且无过错，为保护其信赖利益，该外部

① 参见吴高臣：《团体法的基本原则研究》，载《法学杂志》2017年第1期。

代表行为及所订立的合同应视为有效，以确保法律适用的公正与合理。

（二）基于维护交易秩序、保障信赖利益等方面的多维考量

如上文所述，物业服务合同具有团体性的属性，在业主委员会作为业主团体代表或执行机构的特殊角色定位下，其越权签约的行为无疑是对法律程序严谨性、规范性的挑战。依据民法典及相关法律法规的精神，合同效力的判定并非单一维度的考量，而是需要综合评估当事人意思表示的真实性、合同内容的合法性，以及合同实施是否可能损害业主的重大利益、是否有利于公共利益的实现等多方面因素。针对此类未获依法授权签订的物业服务合同，除从团体法的视角出发评析外，还可以从更广阔的视角出发，审视其在维护交易秩序、提升交易安全与效率、捍卫信赖利益以及平衡公共利益与个体利益等方面的影响。保护物业服务企业作为善意相对人的信赖利益，不仅是构建市场诚信体系的基石，也是彰显公平交易原则的重要体现。承认物业服务企业作为善意相对人所签订的合同效力，实际上也在鼓励并维护一种健康的市场环境，即各方在交易过程中能够基于合理的信赖进行决策与行动。此外，物业服务合同的履行直接关乎整个物业区域的公共利益，如轻易认定合同无效，会导致物业管理服务中断，进而影响到社区内部的和谐与稳定。

总而言之，尽管业主委员会越权签约的法律行为在程序上存在瑕疵，但若物业服务企业作为合同相对人，其为善意且无过错的，在综合考量合同对交易秩序、安全与效率、信赖利益以及公共利益与个体利益平衡等方面的积极影响后，不难发现此类合同的效力在实质上具备合法性与合理性的基础。认定此类合同有效不仅能够为市场交易提供稳定的预期，减少因合同效力争议而衍生的社会成本，并且明确此类情境下的合同效力，有助于更加精准地指导司法实践，保障各方合法权益，真正体现对法律精神的深刻理解与尊重，为物业服务行业的持续健康发展提供有力的法律支撑与制度保障。

（三）对于物业服务合同缔约中善意相对人的判断及合理审查义务

对于物业服务合同缔约过程中善意相对人的判断，核心在于物业服务企业在缔约前是否充分履行了合理的审查义务，以确认业主委员会的签约行为已获业主大会合法授权。具体而言，善意相对人的认定标准聚焦于物业服务企业是否进行了必要的形式审查，查验是否存在业主大会正式选聘该物业服务企业的决议、决议的形成是否符合法定程序（如参会人数达标、表决结果过半等要求）。查验对象形式包括但不限于选聘物业服务企业的书面征求意见表、电子投票或微信业主群投票记录、结果公示公告等内容。若物业服务企业能够证明其已遵循了形式审查的要求，那么其作为善意相对人的身份应得到法律认可，从而确保所签订的物业服务合同的有效性。

值得注意的是，物业服务企业的审查义务应被界定为形式审查，这意味着其无须深入探究决议内容的真实性及合法性，如决议伪造、选票造假、计票错误等内容，因为这些往往超出了其能力和实践操作的边界。只要物业服务企业能够证明其已尽到查验等形式审查的基本注意义务，即便不存在选聘决议或后续业主大会的决议因某种原因被撤销，亦不影响其之前签订的物业服务合同的法律效力。在举证责任分配上，根据民事诉讼证据规则，物业服务企业需要积极举证证明其系依法被选聘的物业服务提供者，且在签订合同时已充分履行了形式审查义务，以彰显其善意与尽职。若物业服务企业无法提供相应证据支持其主张，则可能面临被认定为非善意相对人的风险，进而可能导致物业服务合同被判定为无效。

三、无效后果：事实物业服务关系的折价补偿原则及其标准衡量

在司法实践中，许多业主常常陷入一种认知误区，即误以为一旦法

院判决物业服务合同无效，便可以免除其支付物业服务费的法律责任。[①] 然而，根据我国民法典的规定，即使物业服务合同被认定无效，业主仍需承担支付相应服务费用的责任。民法典第一百五十七条规定，民事法律行为无效、被撤销或者确定不发生效力后，行为人因该行为取得的财产，应当予以返还；不能返还或者没有必要返还的，应当折价补偿。在本案中，尽管物业服务合同被判定无效，但由于业主已经实际受益于黄某物业公司提供的服务，已形成了事实上的物业服务关系，根据权利义务对等的法律原则，业主应当承担向物业服务企业支付合理物业服务费用的责任。

为了确定公正合理的支付标准，本案承办法官进行了深入的调查走访，并征询了物业主管部门意见，发现本辖区内普遍存在商铺物业费标准略高于住宅物业费标准的现象，这已经成为一种行业惯例或市场交易习惯。物业服务合同无效虽是由于黄某物业公司的过失，但考虑到该企业已经实际投入了物业服务成本，且小区绝大多数住宅业主已经按照每月每平方米1元的标准支付了物业费用，法院审慎地参照了当地小区商铺物业费略高于住宅物业费的交易惯例，将被告的物业费支付标准下降调整至每月每平方米1.3元。这一调整不仅体现了对个体权益的尊重，确保了业主支付的服务费用与其实际享受到的服务价值基本匹配，还兼顾了业主群体间的公平性。

四、延伸思考：司法实践中处理物业服务合同纠纷的其他问题

（一）公平原则和诚信原则在物业纠纷案件中的适用

公平正义是司法的灵魂与生命，司法实践中应体现公平原则，兼顾各方利益，为合理分配当事人的权利与义务提供价值指引。鉴于物业服

① 参见王潇雅：《论物业服务合同履行中的抗辩权》，载《商洛学院学报》2015年第3期。

务合同的团体属性，部分业主的个人意思自治可能被一定程度上牺牲，因此，在平衡业主自治权与保障物业服务企业交易安全方面，本案对物业服务合同的效力及物业服务企业主张的事实物业服务费进行了妥善处理。对于王某如享受了事实上的物业服务却拒绝支付物业服务费用的行为，鉴于黄某物业公司提供的物业服务是面向小区所有业主，具有综合性和公共性的特点，如果允许王某如为代表的少数业主以物业服务合同被认定无效为由不支付事实上的物业服务费用，将会导致物业服务企业运营资金短缺及服务积极性下降，最终损害全体业主的整体利益及长远利益。因此，本案在维护王某如不受该物业服务合同法律约束的同时，也兼顾了某小区业主群体的利益，在判决中遵循了公平原则，公平界定了法律责任。

诚信原则在市场交易活动中起到了平衡当事人之间以及当事人与社会利益之间的作用。对被告王某如而言，其在明知业主委员会与原告黄某物业公司签订的物业服务合同未经业主大会讨论，不符合法定程序的情况下，仍然默认接受黄某物业公司提供的综合物业服务，并未采取积极措施向业主委员会、所在社区反映情况，也未及时向法院提起诉讼，而却以物业服务合同无效为由拒绝支付物业费用，显然违反了民法典规定的诚信原则。社会主义核心价值观中关于个人价值追求的“诚信”要求，不仅适用于合同关系，更强调在生活中应遵守承诺，避免不劳而获的行为。因此，本案判决要求被告王某如支付合理的事实物业服务费用，符合社会主义核心价值观中的诚信要求。

（二）示范判决与司法建议对物业纠纷化解及源头治理的效能

人民法院为贯彻落实习近平总书记“法治建设既要抓末端、治已病，更要抓前端、治未病”① 的重要指示精神，应切实做好以下几方面

① 《坚定不移走中国特色社会主义法治道路 为全面建设社会主义现代化国家提供有力法治保障》，载《求是》2021年第5期。

的工作。一方面，可通过示范性判决来引导批量化解类似物业纠纷，有效提高司法效率。本案中，黄某物业公司为某小区提供物业服务，除了被告之外，尚有7户住宅和23户商铺未支付物业服务费，涉及系列物业纠纷案件。本案作为示范性诉讼，为该小区其他业主提供了明确的法律指引，帮助其理性维权。本案审理中，多位业主参与了旁听庭审过程，判决生效后，大部分业主按照示范性裁判确定的物业费收费标准，主动补缴了拖欠的物业费。此外，在法官的指导调解下，其余业主通过诉前调解的形式当场向黄某物业公司支付了物业服务费。这种示范性诉讼的做法不仅减轻了当事人的诉累和降低了诉讼成本，还确保了法律效果与社会效果的有机统一，实现了“一案巧解、多案共赢”的目标。另一方面，本案示范判决有利于从源头预防纠纷的发生，将本案物业服务合同认定为无效，方能固本清源，减少业主委员会未经业主大会决议擅自行事，促使物业服务企业在缔约中尽到基本注意和形式审查义务，推动物业服务行业更加健康有序地发展。

同时，在妥善处理上述系列案件后，人民法院通过对案件审理过程中物业服务行业暴露出的经营风险的观察和对问题产生根源的分析，积极延伸司法职能，通过发出司法建议的方式积极参与到物业纠纷源头治理工作中，先后向物业主管部门及相关街道办事处提出具体、详尽的司法建议，包括建立健全物业纠纷预防机制，完善物业服务监管机制，规范业主委员会运行、评价机制，加强物业领域普法宣传等，得到当地物业主管部门即综合行政执法局及街道办事处的积极反馈与落实。人民法院通过司法建议这一平台，会同职能部门协同推进物业领域矛盾纠纷源头治理，将进一步推动物业服务行业的规范化、法治化进程，提升业主的幸福感和满意度，切实维护人民群众的民生权益。

最新立法、司法动态

中华人民共和国民营经济促进法
（草案征求意见稿）

第一章　总　　则

第一条　为优化民营经济发展环境，保证各类经济组织公平参与市场竞争，促进民营经济健康发展和民营经济人士健康成长，根据宪法，制定本法。

第二条　促进民营经济发展工作坚持中国共产党的领导，坚持以人民为中心，坚持中国特色社会主义制度，确保民营经济发展的正确政治方向。

国家坚持公有制为主体、多种所有制经济共同发展，按劳分配为主体、多种分配方式并存，社会主义市场经济体制等社会主义基本经济制度；毫不动摇巩固和发展公有制经济，毫不动摇鼓励、支持、引导非公有制经济发展；充分发挥市场在资源配置中的决定性作用，更好发挥政府作用。

第三条　民营经济是社会主义市场经济的重要组成部分，是推进中国式现代化的生力军，是高质量发展的重要基础，是推动我国全面建成社会主义现代化强国、实现中华民族伟大复兴的重要力量。促进民营经济持续、健康、高质量发展，是国家长期坚持的重大方针政策。

国家坚持依法鼓励、支持、引导民营经济发展，更好发挥法治固根本、稳预期、利长远的保障作用。

国家坚持平等对待、公平竞争、同等保护、共同发展的原则，促进民营经济发展壮大。民营经济组织与其他各类经济组织享有平等的法律地位、市场机会和发展权利。

第四条 国务院和县级以上地方人民政府将促进民营经济发展工作纳入国民经济和社会发展规划，建立促进民营经济发展工作协调机制，制定完善政策措施，协调解决民营经济发展中的重大问题。

国务院发展改革部门负责统筹协调促进民营经济发展工作。国务院其他有关部门在各自职责范围内，负责促进民营经济发展相关工作。

县级以上地方人民政府有关部门依照法律法规和本级人民政府确定的职责分工，开展促进民营经济发展工作。

第五条 民营经济组织及其经营者应当拥护中国共产党的领导，坚持中国特色社会主义制度，积极投身社会主义现代化强国建设。

国家加强民营经济组织经营者队伍建设，加强思想政治引领，发挥其在经济社会发展中的重要作用；培育和弘扬企业家精神，引导民营经济组织经营者做爱国敬业、守法经营、创业创新、回报社会的典范，践行社会主义核心价值观，做合格的中国特色社会主义事业建设者。

第六条 民营经济组织及其经营者从事生产经营活动，应当遵守法律法规，遵守社会公德、商业道德，诚实守信、公平竞争，履行社会责任，维护国家利益和社会公共利益，接受政府和社会监督。

第七条 工商业联合会发挥在促进民营经济健康发展和民营经济人士健康成长中的重要作用，加强民营经济组织经营者思想政治建设，引导民营经济组织依法经营，提高服务民营经济水平。

第八条 加强对民营经济组织及其经营者先进事迹的宣传报道，支持民营经济组织及其经营者参与评选表彰，引导形成尊重劳动、尊重创造、尊重企业家的社会环境，营造全社会关心、支持、促进民营经济发展的氛围。

第九条 国家建立健全民营经济统计制度，对民营经济发展情况进行统计分析，定期发布有关信息。

第二章 公平竞争

第十条 国家实行全国统一的市场准入负面清单制度。市场准入负面清单以外的领域，包括民营经济组织在内的各类经济组织可以依法平等进入。

第十一条 各级人民政府及其有关部门落实公平竞争审查制度，出台政策措施应当经过公平竞争审查，并定期评估、清理废除含有妨碍全国统一市场和公平竞争内容的政策措施，保障民营经济组织公平参与市场竞争。

市场监督管理部门负责接受对违反公平竞争审查制度政策措施的举报，并依法处理。

第十二条 国家保障民营经济组织依法平等使用资金、技术、人力资源、数据、土地及其他自然资源等各类生产要素和公共服务资源，适用国家支持发展的政策。

第十三条 各级人民政府及其有关部门依照法定权限，在制定、实施政府资金安排、土地供应、排污指标、公共数据开放、资质许可、标准制定、项目申报、职称评定、人力资源等方面的政策措施时，平等对待民营经济组织。

第十四条 公共资源交易活动应当公开透明、公平公正，依法平等对待包括民营经济组织在内的各类经济组织。

除法律另有规定外，招标投标、政府采购等公共资源交易不得有限制或者排斥民营经济组织的行为。

第十五条 反垄断和反不正当竞争执法机构按照职责权限，预防和制止市场经济活动中的垄断、不正当竞争行为以及滥用行政权力排除或者限制竞争的行为，为民营经济组织经营活动提供良好的市场环境。

第三章　投资融资促进

第十六条　支持民营经济组织参与国家重大战略和重大工程。支持民营经济组织在战略性新兴产业、未来产业等领域投资和创业，鼓励开展传统产业转型升级，参与现代化基础设施投资建设。

第十七条　国务院有关部门根据国家重大发展战略、发展规划、产业政策等，统筹研究制定促进民营经济投资政策措施，发布鼓励民营经济投资重大项目信息，引导民营经济投资重点领域。

民营经济组织投资建设符合国家战略方向的固定资产投资项目，依法享受国家支持政策。

第十八条　支持民营经济组织通过多种方式盘活存量资产，提高再投资能力，提升资产质量和效益。

各级人民政府及其有关部门支持民营经济组织参与政府和社会资本合作项目。政府和社会资本合作项目应当合理设置双方权利义务，明确投资收益获得方式、风险分担机制等事项。

第十九条　各级人民政府及其有关部门在项目推介对接、前期工作和报建审批事项办理、要素获取和政府投资支持等方面，为民营经济组织提供高效便利的投资服务。

第二十条　国务院有关部门依据职责发挥货币信贷政策工具的激励约束作用，对金融机构向小型微型民营经济组织提供金融服务按照市场化原则实施差异化监管，督促引导金融机构合理设置不良贷款容忍度、建立健全尽职免责机制、提升专业服务能力，提高为民营经济组织提供金融服务的水平。

第二十一条　银行业金融机构和地方金融组织依据法律法规，接受符合贷款业务需要的抵押质押物，并为民营经济组织提供应收账款、仓单、股权、知识产权等权利质押贷款。

各级人民政府及其有关部门应当为动产和权利质押登记、估值、交易流通、信息共享等提供支持和便利。

第二十二条 国家推动构建完善民营经济组织融资风险的市场化分担机制，支持银行业金融机构与融资担保机构有序扩大业务合作，共同服务民营经济组织。

第二十三条 金融机构在依法合规前提下，按照市场化、可持续发展原则开发和提供适合民营经济特点的金融产品和服务，为资信良好的民营经济组织融资提供便利条件，增强信贷供给、贷款周期与民营经济组织融资需求、资金使用周期的适配性。

第二十四条 金融机构在授信、信贷管理、风控管理、服务收费等方面应当平等对待民营经济组织。

金融机构违反与民营经济组织借款人的约定，单方面中止发放贷款或者提前收回贷款的，依法承担违约责任。

第二十五条 健全多层次资本市场体系，支持符合条件的民营经济组织通过发行股票、债券等方式平等获得直接融资。

第二十六条 建立健全信用信息归集共享机制，为民营经济组织向金融机构获得融资提供便利。

支持征信机构为民营经济组织融资提供征信服务，支持信用评级机构优化民营经济组织的评级方法，增加信用评级有效供给。

第四章 科技创新

第二十七条 国家鼓励支持民营经济组织在发展新质生产力中积极发挥作用。引导民营经济组织根据国家战略需要、行业发展趋势和世界科技前沿，加强基础性、前沿性研究，开发关键核心技术、共性基础技术和前沿交叉技术，鼓励以科技创新催生新产业、新模式、新动能。

引导非营利性基金依法资助民营经济组织开展基础研究、前沿技术研究和社会公益性技术研究。

第二十八条 支持民营经济组织依法参与数字化共性技术研发和数据要素市场建设，依法合理使用数据，对开放的公共数据资源依法进行开发利用，增强数据要素共享性、普惠性，充分发挥数据赋能作用。

第二十九条 支持民营经济组织参与国家科技攻关项目，支持有能力的民营经济组织牵头承担重大技术攻关任务，向民营经济组织开放国家重大科研基础设施，支持公共研究开发平台、共性技术平台开放共享，为民营经济组织技术创新平等提供服务，鼓励各类企业和高等学校、科研院所、职业学校与民营经济组织创新合作机制，开展技术交流和成果转移转化，推动产学研深度融合。

第三十条 国家保障民营经济组织依法参与标准制定工作，强化标准制定的信息公开和社会监督。

国家为民营经济组织提供基础设施、技术验证、标准规范、质量认证、检验检测、知识产权、示范应用等方面的服务和便利。

第三十一条 支持民营经济组织加强新技术应用，开展新技术、新产品、新服务、新模式应用试验，发挥技术市场、中介服务机构作用，通过知识产权质押、创业投资等方式推动科技成果应用推广。

鼓励民营经济组织在投资过程中基于商业规则自愿开展技术合作。技术合作的条件由投资各方遵循公平原则协商确定。

第三十二条 鼓励民营经济组织积极培养使用创新型技能人才，在关键岗位、关键工序培养使用高技能人才，推动产业工人队伍建设。

第三十三条 国家加强对民营经济组织及其经营者原始创新的保护。完善民营经济组织创新成果知识产权保护制度，依法惩处侵犯商标权、专利权、著作权和侵犯商业秘密、仿冒混淆等违法行为。

加强知识产权保护的区域、部门协作，为民营经济组织提供知识产权多元纠纷解决、维权援助以及海外知识产权纠纷应对指导和风险预警等服务。

第五章 规范经营

第三十四条 民营经济组织中的中国共产党的组织和党员，按照中国共产党章程和有关党内法规开展党的活动，发挥党组织在促进民营经济组织健康发展中的政治引领作用和党员先锋模范作用。

第三十五条 民营经济组织应当围绕国家工作大局，在发展经济、扩大就业、改善民生、科技创新等方面积极发挥作用，为满足人民日益增长的美好生活需要贡献力量。

第三十六条 民营经济组织生产经营活动应当遵守劳动用工、安全生产、职业卫生、社会保障、生态环境、质量标准、知识产权、网络安全、财政税收、金融等方面的法律法规，不得妨害市场和金融秩序、用贿赂和欺诈等手段牟利、破坏生态环境、损害劳动者合法权益和社会公共利益。

国家机关依法对民营经济组织生产经营活动实施监督管理。

第三十七条 支持民营资本服务经济社会发展，完善资本行为制度规则，依法规范和引导民营资本健康发展，维护社会主义市场经济秩序和社会公共利益。支持民营经济组织加强风险防范管理，鼓励民营经济组织做强做优主业，提升核心竞争力。

第三十八条 民营经济组织应当完善治理结构和管理制度、规范民营经济组织经营者行为、强化内部监督，实现规范治理。鼓励有条件的民营经济组织建立完善中国特色现代企业制度。

民营经济组织中的工会等群团组织依法依章程开展工作和活动，加强职工思想政治引领，维护职工合法权益，发挥在企业民主管理中的作用，完善企业工资集体协商制度，促进构建和谐劳动关系。

第三十九条 国家推动构建民营经济组织源头防范和治理腐败的体制机制，支持引导民营经济组织加强廉洁风险防控，推动民营经济组织提升依法合规经营管理水平，及时预防、发现、治理经营中违法违规等问题。

民营经济组织应当加强对工作人员的法治教育，营造诚信廉洁、守法合规的组织文化。

第四十条 民营经济组织应当建立独立规范的财务制度，区分民营经济组织生产经营收支与民营经济组织经营者个人收支，依法实现民营经济组织财产与民营经济组织经营者个人财产分离，加强财务管理，规范会计核算，防止财务造假。

第四十一条 支持民营经济组织通过加强技能培训、扩大吸纳就业、完善工资分配制度等，促进员工共享发展成果。

第四十二条 探索建立民营经济组织的社会责任评价体系和激励机制，引导民营经济组织自愿参与公益慈善事业、应急救灾等活动。

第四十三条 民营经济组织及其经营者在海外投资经营应当遵守所在国家或者地区的法律，尊重当地习俗和文化传统，维护国家形象，不得从事损害国家安全和国家利益的活动。

第六章 服务保障

第四十四条 国家机关及其工作人员在促进民营经济发展工作中，应当依法履职尽责。国家机关工作人员与民营经济组织经营者在工作交往中，应当遵规守纪，保持清正廉洁。

各级人民政府及其有关部门建立畅通有效的政企沟通机制，及时听取包括民营经济组织在内各类经济组织的意见建议，解决其反映的合理问题。

第四十五条 国家机关制定与经营主体生产经营活动密切相关的法律、法规、规章和其他规范性文件、司法解释，或者作出有关重大决策，应当注重听取包括民营经济组织在内各类经济组织、行业协会商会的意见建议；在实施前应当根据实际情况留出必要的适应调整期。

第四十六条 各级人民政府及其有关部门应当及时向社会公开涉及民营经济的优惠政策适用范围、标准、条件和申请程序等，高效便利办理涉企事项。

第四十七条 各级人民政府及其有关部门制定鼓励民营经济组织创业的政策，提供公共服务，鼓励创业带动就业。

个体工商户可以自愿转型为企业。市场监督管理部门、税务机关和有关部门为个体工商户转型为企业提供指引和便利。

第四十八条 支持、鼓励高等学校、科研院所、职业学校、公共实训基地和各类职业技能培训机构创新人才培养模式，培养符合民营经济高质量发展需求的专业人才和产业工人。

人力资源和社会保障部门建立健全人力资源服务机制，搭建用工和求职信息对接平台，为民营经济组织招工用工提供便利。

各级人民政府及其有关部门完善人才激励和服务保障政策措施，畅通民营经济组织职称评审渠道，为民营经济组织引进、培养高层次及紧缺人才提供支持。

第四十九条 行政机关坚持依法行政。行政执法活动应当避免或者减少对民营经济组织正常生产经营活动的影响，并对其合理、合法诉求及时响应、处置。

第五十条 对民营经济组织及其经营者违法行为的处罚应当按照与其他经济组织同等原则实施。对违法行为依法需要实施行政处罚或者其他措施的，应当与违法行为的事实、性质、情节以及社会危害程度相当。违法行为具有《中华人民共和国行政处罚法》规定的从轻、减轻或者不予处罚情形的，依照其规定从轻、减轻或者不予处罚。

第五十一条 各级人民政府及其有关部门推动监管信息共享互认，根据民营经济组织的信用状况实施分级分类监管，提升监管效能。除直接涉及公共安全和人民群众生命健康等特殊行业、重点领域依法依规实行全覆盖的重点监管外，市场监管领域的行政检查应当通过随机抽取检查对象、随机选派执法检查人员的方式进行，抽查事项及查处结果及时向社会公开。建立健全行政执法违法行为投诉举报处理机制，保护民营经济组织及其经营者合法权益。

第五十二条 司法行政部门建立涉企行政执法诉求沟通机制，加强对行政执法活动的监督，组织开展行政执法检查，及时纠正不当行政执法行为。

第五十三条 健全失信惩戒和信用修复制度。实施失信惩戒，应当依照法律、法规和有关规定，并根据失信行为性质、轻重程度等采取适度的惩戒措施。

民营经济组织及其经营者纠正失信行为、消除不良影响、符合信用修复条件的，可以提出信用修复申请。有关国家机关应当依法及时解除惩戒措施，移除或者终止失信信息公示，并在相关公共信用信息平台实现协同修复。

第五十四条 建立健全矛盾纠纷多元化解机制，为民营经济组织维护合法权益提供便利。

司法行政部门组织协调律师、公证、司法鉴定、基层法律服务、人民调解、商事调解、仲裁等相关机构和法律咨询专家，参与涉及民营经济组织纠纷的化解，为民营经济组织提供有针对性的法律服务。

第五十五条 国家支持引导民营经济组织在海外依法合规开展投资经营等活动，完善海外利益保障机制，维护民营经济组织及其经营者海外合法权益。

第七章 权益保护

第五十六条 民营经济组织及其经营者的人身权利、财产权利以及经营自主权等其他合法权益受法律保护，任何单位和个人不得侵犯。

第五十七条 民营经济组织及其经营者的名誉权、荣誉权和民营经济组织经营者的隐私权、个人信息等人格权益受法律保护。

任何单位和个人不得利用互联网等传播渠道，以侮辱、诽谤等方式恶意侵害民营经济组织及其经营者的人格权益。网络服务提供者应当依照有关法律法规规定，加强网络信息内容管理，建立健全投诉、举报机制，及时处置恶意侵害当事人合法权益的违法信息，并向有关主管部门报告。

人格权益受到恶意侵害的民营经济组织及其经营者有权依法向人民法院申请采取责令行为人停止相关行为的措施。民营经济组织及其经营者的人格权益受到恶意侵害致使民营经济组织生产经营、投资融资等活动遭受实际损失的，侵权人依法承担赔偿责任。

第五十八条 国家机关及其工作人员依法开展调查或者要求协助调查，应当避免对正常生产经营活动产生影响。实施限制人身自由的强制措施，应当严格依照法定权限、条件和程序进行。

第五十九条 征收、征用财产，应当严格依照法定权限、条件和程序进行。

为了公共利益的需要，依照法律规定征收、征用财产的，应当给予公平、合理的补偿。

第六十条 查封、扣押、冻结涉案财物，应当遵守法定权限、条件和程序，严格区分违法所得、其他涉案财物与合法财产，民营经济组织财产与民营经济组织经营者个人财产，本人财产与案外人财产，不得超权限、超范围、超数额、超时限查封、扣押、冻结财物。对查封、扣押的涉案财物，应当采取必要的保管措施。

第六十一条 办理案件应当严格区分经济纠纷与经济犯罪；生产经营活动未违反刑法规定的，不以犯罪论处；对事实不清、证据不足的刑事案件，依法撤销案件、不起诉或者宣告无罪。

禁止利用行政或者刑事手段违法干预经济纠纷。

第六十二条 办理案件需要异地执法的，应当遵守法定权限、条件和程序。国家机关之间对案件管辖有争议的，可以进行协商，协商不成的，提请共同的上级机关决定，法律另有规定的从其规定。

规范异地行政执法行为，建立健全异地行政执法协助制度。

第六十三条 民营经济组织及其经营者对生产经营活动是否违法，以及国家机关实施的强制措施存在异议的，可以依法向有关机关反映情况、申诉，依法申请行政复议、提起诉讼。

第六十四条 检察机关依法对涉及民营经济组织及其经营者的诉讼活动实施法律监督，及时受理并审查有关申诉、控告。发现存在违法情形的，应当依法提出纠正意见。

第六十五条 国家机关、事业单位、国有企业应当依法或者依合同约定及时向民营经济组织支付账款，不应以人员变更、履行内部付款流程或者在合同未作约定情况下以等待竣工验收批复、决算审计等为由，拒绝或者拖延支付民营经济组织账款；除法律、行政法规另有规定外，不应强制要求以审计结果作为结算依据。

审计机关依法对国家机关、事业单位和国有企业支付民营经济组织账款情况进行审计监督。

第六十六条 大型企业向中小民营经济组织采购货物、工程、服务等，应当合理约定付款期限并及时支付账款，不得以收到第三方付款作为向中小民营经济组织支付账款的条件。

人民法院完善拖欠中小民营经济组织账款案件审判执行工作协调机制，推动案件依法及时立案、审理、执行，对符合条件的相关案件可以先行调解，保障中小民营经济组织合法权益。

第六十七条 县级以上地方人民政府应当加强账款支付保障工作，预防和清理拖欠民营经济组织账款；强化预算管理，政府采购项目应当安排预算，并严格按预算实施；加强对拖欠账款处置工作的统筹指导，对有争议的鼓励各方协商解决，对存在重大分歧的组织协商、调解。协商、调解应当发挥工商业联合会、律师协会等组织的作用。

第六十八条 地方各级人民政府及其有关部门应当履行依法向民营经济组织作出的政策承诺和与民营经济组织订立的合同，不得以行政区划调整、政府换届、机构或者职能调整以及相关人员更替等为由违约、毁约。

因国家利益、社会公共利益需要改变政策承诺、合同约定的，应当依照法定权限和程序进行，并对民营经济组织因此受到的损失予以补偿。

第八章 法律责任

第六十九条 违反本法规定，有下列情形之一的，由有权机关责令改正，造成不良后果或者影响的，依法给予处分：

（一）未经公平竞争审查或者未通过公平竞争审查出台政策措施；

（二）在公共资源交易中限制或者排斥民营经济组织参与招标投标、政府采购。

第七十条 违反本法规定实施异地执法的，由有权机关责令改正，造成不良后果或者影响的，依法给予处分。

第七十一条 违反本法规定实施征收、征用或者查封、扣押、冻结等措施的，由有权机关责令改正，造成损失的，依法予以赔偿；造成不良后果或者影响的，依法给予处分。

第七十二条 国家机关、事业单位、国有企业违反法律、行政法规规定或者合同约定，拒绝或者拖延支付民营经济组织账款，地方各级人民政府及其有关部门不履行向民营经济组织依法作出的政策承诺、依法订立的合同的，由有权机关予以纠正，造成损失的，依法予以赔偿；造成不良后果或者影响的，依法给予处分。

其他大型企业违反法律、行政法规规定，拒绝或者拖延支付民营经济组织账款的，依照有关法律、行政法规规定予以处罚。

第七十三条 违反本法规定，侵害民营经济组织及其经营者合法权益，其他法律、法规规定行政处罚的，从其规定；造成财产损失或者人身损害的，依法承担民事责任；构成犯罪的，依法追究刑事责任。

第七十四条 民营经济组织及其经营者生产经营活动违反法律法规规定，由有权机关责令改正，依法给予行政处罚；造成财产损失或者人身损害的，依法承担民事责任；构成犯罪的，依法追究刑事责任。

第七十五条 民营经济组织及其经营者采取欺诈等不正当手段骗取表彰荣誉、优惠政策等的，应当撤回已获表彰荣誉、取消享受的政策待遇，依法予以处罚；构成犯罪的，依法追究刑事责任。

第九章　附　　则

第七十六条 本法所称民营经济组织，是指在中华人民共和国境内依法设立的由中国公民控股或者实际控制的营利法人、非法人组织和个体工商户，以及前述组织控股或者实际控制的营利法人、非法人组织。

民营经济组织涉及外商投资的，同时适用外商投资法律法规的相关规定。

第七十七条 本法自　年　月　日起施行。

最新法律文件解读丛书

稿　　约

最新法律文件解读丛书是一套以为最新法律规范提供同步"解读"为主的系列丛书,分为刑事、民事、商事、行政与执行4个分册,按月出版。

本丛书以"解读"为重点,突出全、专、新、快、准等特点,通过对最新出台的法律、法规、司法解释、部门规章以及重要地方性法规进行同步动态解读,弥补了法律、法规、司法解释汇编类出版物没有同步阐释、解读内容的不足,为广大读者学习理解最新法律规范,正确贯彻执行法律文件,及时解决实践中的新情况、新问题,提供一个全方位、多层面的法律信息平台。

欢迎您向以下栏目赐稿:

【最新法律文件解读】主要是对最新颁行的法律文件进行解读,帮助司法和执法人员正确理解法律文件的立法背景、意义、重点内容、在适用中应注意的问题、与相关法律文件的衔接与互动关系等。

【司法实务问题研究】主要刊登对司法理论、实务及司法管理工作中的热点、疑难问题进行研究及评论的文章。

【新类型疑难案例选评】主要是对司法和行政执法实践中具有典型性和代表性的疑难案例,结合具体案情以及审理或处理结果进行简练精辟的点评,解析认识问题的方法、处理问题的法律依据和在个案中的具体适用。

【法学前沿与新视点】以摘要的形式刊登相关法学理论研究的最新动态及具有代表性和典型性的前沿问题,扩展法学研究的深度和广度。

【法律适用问题解答】主要针对司法和行政执法实践中面临的新问题、热点问题、疑难问题进行简要的解答,指出涉及的法律关系,明确法律适用依据。

稿件一经刊用即付稿酬,稿酬从优。

《刑事法律文件解读》　杨晓燕　邮箱:5184621@qq.com

《民事法律文件解读》　杨　洁　邮箱:1216921515@qq.com

《商事法律文件解读》　路建华　邮箱:shangshijiedu@126.com

《行政与执行法律文件解读》　丁塞峨　邮箱:1290312696@qq.com

人民法院出版社

最新法律文件解读丛书编辑部